「絵を見て話せる タビトモ会話」の使い方

○○色のものはありますか？ ……… 日本語
តើមានរបស់ពណ៌○○ដែរឬទេ？ ……… 現地語
タウ ミェンロボッニッ ヂェムミェンポア○○テー ……… 現地語読み
Do you have this in ○○? ……… 英語

いいえ
ទេ។ សូមទោស ខ្ញុំមិនទេ
テー、ソームトッ クメンテー
No. Sorry, we don't.

はい
បាទ
ミェン
Yes.

日本人　　　　　カンボジア人

※日本人と現地のカンボジア人とをイラストでわかりやすく示し分けています。左側の男女が日本人、右側の男女がカンボジア人を表しています。

大きなイラスト単語

場面状況がわかる大イラスト。イラストに描かれている個々の名称、想定される単語なども詳しく示しました。フレーズ例と組み合わせる単語としても使えます。英語も付いています。

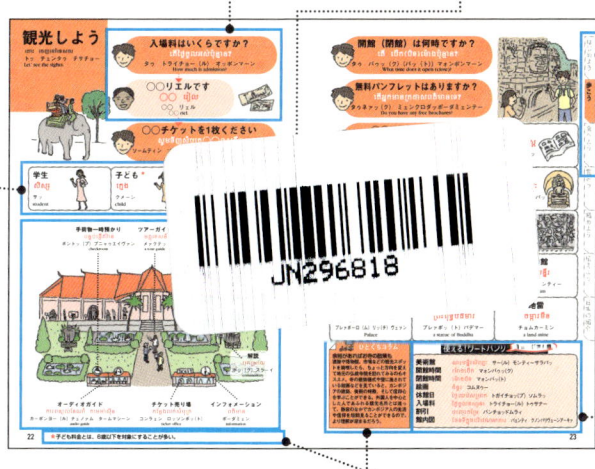

行動別インデックス

旅先でしたいことを行動別に検索できるカラーインデックス。それぞれ行動別に区切りをつけて色別に構成しました。さあ、あなたはこれから何をする？

使える！ワードバンク

入れかえ単語以外に、その場面で想定される単語、必要となる単語をひとまとめにしました。ちょっと知っておくと役立つ単語が豊富にあります。

ひとくちコラム

お国柄によって異なる文化、マナーやアドバイスなど役立つ情報を小さくまとめました。ほっとひと息つくときに読んでみるのもおすすめです。お国柄にちなんだイラストが案内してくれます。

はみ出し情報

知っておくと便利な情報などを1行でまとめました。おもしろネタもいっぱいで必見です。

本書は、海外旅行先でのコミュニケーション作りに役立つ本です。外国の人たちとできるだけ近い感覚で会話ができるように、現地語は話し言葉を紹介しています。また、現地語の読みについては、なるべく原音に近い発音で読み仮名を付けています。現地の人たちが日常生活で使っている言葉や単語を旅行者も使ってみることが、異文化コミュニケーションをはかる第一歩です。

はじめよう　歩こう　食べよう　買おう　極めよう　伝えよう　日本の紹介　知っておこう

タビトモ会話 目次

Siem Reap
＊
Phnom Pehn
＊

はじめよう

あいさつをしよう	6
呼びかけよう	8
自己紹介をしよう	10

イラスト&エッセイ はじめよう …… 4

歩こう

イラスト&エッセイ 市民の足を乗りこなそう …… 12

カンボジアを巡ろう	14
プノンペンを歩こう	16
シェムリアップを歩こう	18
道を尋ねよう	20
観光しよう	22
乗り物に乗ろう	24
ホテルに泊まろう	26

食べよう

イラスト&エッセイ カンボジア料理は懐しい味 …… 28

予約と注文	30
スープ、前菜	32
肉料理、魚料理	34
デザート、飲み物	36
大衆食堂で食べよう	38
屋台料理	40
調理方法と味付け	42
食材を選ぼう	44

買おう

イラスト&エッセイ 市場で値段交渉にチャレンジ …… 46

お店を探そう	48
好きな色、柄、素材を探そう	50
欲しいサイズ、アイテムを伝えよう	52
化粧品、アクセサリー、日用品を買おう	54
市場へ行こう	56
カンボジアみやげを買おう	58

カンボジア クメール語＋日本語・英語

極めよう

イラスト＆エッセイ 美しきアンコール・ワット 60

アンコール遺跡群を知ろう 62
アンコール・ワットを知ろう 64
アンコール・ワットを極めよう 66
アンコール・トムを知ろう 68
そのほかの遺跡を知ろう 70
カンボジアの歴史を極めよう 72
カンボジアの宗教と神々を極めよう 74
カンボジアの伝統、文化を極めよう 76
映画、音楽、芸能を極めよう 78
マッサージ、スパを極めよう 80
暦、祭り、イベント、季節 82

伝えよう

イラスト＆エッセイ 家族はとっても仲よし 84

数字、序数 86
時間と一日 88
年、月、日、曜日 90
家族、友だち、人の性格 92
趣味、職業 94
自然、動植物とふれあおう 96
訪問しよう 98
疑問詞、動詞 100
反意語、感情表現 102
体、体調 104
病気、ケガ 106
事故、トラブル 108
column カンボジア語とクメール語 110

日本の紹介

日本の地理 112
日本の一年 114
日本の文化 116
日本の家族 118
日本の料理 120
日本の生活 122
column コミュニケーションの秘訣 124

知っておこう

カンボジアまるわかり 126
クメール語が上達する文法講座 ... 128
カンボジアにまつわる雑学ガイド 132
クメール語で手紙を書こう！ 135
50音順クメール語単語帳 136

お役立ち単語コラム
出入国編 137
電話・通信編 139
両替編 141

3

はじめよう

カンボジア最大のみどころはなんといってもアンコール・ワット。世界各国からの観光客を迎える世界遺産だ。

チュムリアップ スオー はじめまして

世界遺産、アンコールワットなどの遺跡が有名な国です。

← 手は ふんわりと蓮の花の つぼみのように 合わせる

なので、海外からの観光客も多く、そのため英語もかなり使われるみたい。

けっこう年配の欧米人ツアーを多くみかけた

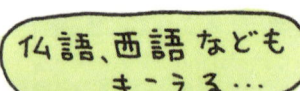

仏語、西語なども きこえる…

公認ガイドは制服を着ています →

観光が重要な産業の国だから？

遺跡見学には入場料が必要です

カンボジア人は無料

↑
このチェックがけっこう厳しい

ゲートで入場券を買う

カメラ

→

写真入り
※何回も使うタイプの券

車で通行するとき

これを要所要所で提示しなければならない
入口で

というと、厳重な国のように思えるけれど、いたってのどかな国です。

はじめよう | 歩こう | 食べよう | 買おう | 極めよう | 伝えよう | 日本の紹介

あいさつを しよう

សូមនិយាយសេចក្ដីគួរសម
ソームニイェイ セッカダイクーソム
Let's say hello

おはよう
អរុណសួស្ដី
アーロンスースダイ
Good morning

こんにちは
សាយ័ណ្ហសួស្ដី
サイヨァンスースダイ
Good afternoon

こんばんは
ព្រលប់សួស្ដី
プロロッ(プ) スースダイ
Good evening

さようなら
លាសិនហើយ
リァサンハオイ
Good bye

どうもありがとう
អរគុណ
オークン
Thank you

どういたしまして
មិនអីទេ
マンアイテー
You are welcome

おやすみなさい
រាត្រីសួស្ដី
リャットレイスースダイ
Good night

また会いましょう
ជួបគ្នាថ្ងៃក្រោយ
チュー(プ) クニァ トガイクラオイ
See you again.

● ていねいなあいさつ

はじめまして。
お会いできて光栄です
ជម្រាបសួរ។
រីករាយដោយបានជួបអ្នក
チョムリァップスォー
リックリェイ ダォイバーン チュー(プ) クニァ
How do you do? Nice meeting you.

こちらこそ。
よろしくお願いします
ខ្ញុំក៏រីករាយដែរ
ដោយបានជួបអ្នក
クニョ(ム) コー リックリェイダェ
ダォイバーンチュー(プ) クニァ
Nice meeting you, too.

それでは、また
ខ្ញុំសង្ឃឹមថានឹងជួបអ្នកក្នុងពេលឆាប់ៗ
クニョ(ム)ソンクムター ヌンチュープネァッ(ク) クノンペールチャッ(プ)チャッ(プ)
I hope to see you soon.

よい一日を
សូមឱ្យមានថ្ងៃល្អ
ソームアォイミェン トガイローー
Have a nice day.

★お辞儀をする日本人のように、カンボジアでは挨拶のときには合掌をして敬意を表す。合掌の仕方は上下関係によって異なるが、顎のあたりで手を合わせるとよい

ごきげんいかがですか?
តើអ្នកសុខសប្បាយទេ?
タゥネアッソ(ク) サバーイテー
How are you?

元気です
ខ្ញុំសុខសប្បាយទេ។ អរគុណ
クニョ(ム) ソクサバーイテー オークン
I am fine, thank you.

具合が悪いです
ខ្ញុំមិនស្រួលខ្លួនទេ
クニョ(ム) マンスルールクルーンテー
I do not feel well.

お気をつけて
សូមថែរក្សាខ្លួន
ソーム タェレサークルーン
Take care.

お気をつけて／お大事に
សូមថែរក្សាខ្លួនឯងឱ្យបានល្អ
ソーム タェレサークルーンアェン アォイバーンロォー
Please take care of yourself

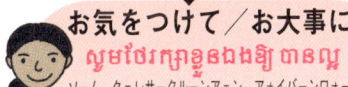

お世話になりました
អរគុណ
オークン
Thank you for your kindness.

楽しかったです
ខ្ញុំសប្បាយណាស់
クニョ(ム) サバーイナッ
I enjoyed myself very much.

● 気軽なあいさつ

ひさしぶり！調子はどう？
រីករាយដោយបានជួបអ្នកម្តងទៀត។
តើអ្នកសុខសប្បាយទេ?
リックリェイ ダォイバーンチュー(ブ) ネァッ(ク)
マドーンティアッ(ト)。タゥネアッ(ク) ソクサバーイテー
Nice to see you again! How's everything going?

まあまあかな。あなたは？
ធម្មតាទេ, ចុះអ្នកវិញ?
トァンマダーテー チョッ ネァッ(ク) ヴェン
Well, so so. How about you?

じゃ、またね
លាសិនហើយ
リァサンハオイ
See you.

また明日
ជួបគ្នាថ្ងៃស្អែក
チュー(ブ) クニァ トガイサァエク
See you tomorrow.

呼びかけよう

គោះ យើងនិយាយទាំងអស់គ្នា
トッ ユーンニィェイタァンオックニア
Let' talk!

ちょっと、すいません
សូមទោស
ソームトッ
Excuse me.

はい、なにかご用ですか？
បាទ/ចាស តើខ្ញុំអាចជួយអ្វីបាន?
バー(ト)/チャー タウクニョ(ム) アーイチューイ アヴァイバーン
Yes, what can I do for you?

写真を撮ってもいいですか？
តើខ្ញុំអាចស៊ុតរូបនៅទីនេះបានទេ?
タウ クニョムアーイソム トー(ト) ループ ヌーティーニッ バーンテー
May I take a photo here?

もちろん、いいですよ
បាន មិនអីទេ
バーン マンアイテー
Yes, of course.

ごめんなさい
ខ្ញុំសូមទោស
クニョ(ム) ソームトッ
I am sorry.

はい／いいえ（男性）
បាទ/អត់ទេ
バー(ト)／オッテー
Yes/No.

はい／いいえ（女性）
ចាស/អត់ទេ
チャー／オッテー
Yes/No.

おじいさん
តីតា
チーター
grandfather

おばあさん
តីយាយ
チードーン
grandmother

おにいさん
បងប្រុស
ボーンプロッ
brother

おねえさん
បងស្រី
ボーンスレィ
sister

〇〇先生（男性）
លោកគ្រូ〇〇
ロー(ク)クルー〇〇
Mr.〇〇

〇〇先生（女性）
អ្នកគ្រូ〇〇
ネアッククルー〇〇
Ms.〇〇

おじさん	おばさん	弟	妹
លោកពូ/ឪពុកមា	អ្នកមីង/ម្តាយមីង	អូនប្រុស	អូនស្រី
ロー(ク) プー/アウポッ(ク) ミァ	ネアッミン/マダーイミン	ボォーンプロッ	ボォーンスレイ
uncle	aunt	younger brother	younger sister

どうかしましたか？
តើខ្ញុំអាចជួយអ្នកបានទេ?
タウクニョ(ム)　アーイチューイネァッ(ク)　バーンテー
How can I help you?

道に迷いました
ខ្ញុំវង្វេងផ្លូវ
クニョ(ム)　ヴォンヴェーンプルゥ
I'm lost.

もう一度言ってください
សូមនិយាយម្ដងទៀតបានទេ?
ソームニイェイ　マドーンティアッ(ト)　バーンテー
Can you say it again?

もう少しゆっくり言ってください
សូមនិយាយយឺតៗជាងនេះបន្តិចបានទេ?
ソームニイェイ　ユッ(ト)　ユッ(ト)　チァンニッ　ボンティッバーンテー
Can you speak a little slower?

○○さん（敬称）
លោក○○　លោកស្រី○○
ロー(ク)○○／ロー(ク)スレイ○○
Sir○○／Madam○○

○○さん（親しい人に）
លោក○○　កញ្ញា○○
ロー(ク)○○・カンニャー○○
Mr○○／Ms.○○

もしもし（電話で）
អាឡូ?
アロー
Hello

知っています
ខ្ញុំដឹង
クニョ(ム)　ダン
I know.

知りません
ខ្ញុំមិនដឹងទេ
クニョ(ム)　マンダンテー
I do not know.

どうぞ
សូមអញ្ជើញ
ソームアンチューン
Please.

大丈夫ですか？
តើអ្នកមិនអីទេឬ?
タウネァッ(ク)　マンアイテールー
Are you OK?

大丈夫です、気にしないで
ខ្ញុំមិនអីទេ
クニョ(ム)　マンアイテー
Yes, I'm OK.

それは違います
ខុសហើយ
コッハイ
That's wrong.

そう思います
ខ្ញុំគិតអញ្ចឹង
クニョ(ム)　クッ(ト)　アンチュン
I think so.

ひとくちコラム
女性の敬称には注意！
カンボジア語は、人の名前を呼ぶ時に、相手の地位や既婚・未婚、年上か年下か、などによって様々な敬称がつく。男性なら「ロー(ク)（Mr.）」とつけておけばよいが、女性は「カンニャー（Miss.）」「ネァックスレイまたは、ロークスレイ（Mrs）」と、年齢、既婚・未婚など、かなりプライバシーに立ち入らなければならないから大変。あらかじめ、相手が既婚か未婚か、どれくらいの年齢かを、こっそり周りの人に聞くのがコツかもしれない。

使える！ワードバンク　あいづち編

本当？	ពិតមែនឬ?	ピッ(ト)　メーンルー
すごい！	អស្ចារ្យមែន!	オーチャー　メーン
そのとおり！	ត្រឹមត្រូវហើយ!	トロムトロウ　ハオイ
まさか	មិនគួរឱ្យជឿសោះ	マン　クーアオイチュー　ソッ
もちろん	ពិតមែនហើយ	ピッ(ト)　メーンハオイ
それで？	ហើយយ៉ាងម៉េចមក?	ハオイ　ボントゥップモー(ク)
へぇー	មែនឬ?	メーンルー

自己紹介をしよう

តោះ ចូរណែនាំខ្លួនដងា!
トッ チョーナェノァムクルーンアェン
Let's introduce ourselves!

私の名前はタカシです
ខ្ញុំឈ្មោះ តាកាស៊ី
クニョ(ム) チュモッ タカシ
My name is Takashi.

日本から来ました
ខ្ញុំមកពីប្រទេសជប៉ុន
クニョ(ム) モー(ク) ピー プロテッ チョーボン
I am from Japan.

学生です ➡P95(職業)
ខ្ញុំជានិស្សិត
クニョ(ム) チア ニッセッ(ト)
I am a student.

21歳です ➡P86(数字)
ខ្ញុំមានអាយុ២១ឆ្នាំ
クニョ(ム) ミェンアユッ モベイムオーイチュナム
I am twenty one years old.

少し話せます
ខ្ញុំអាចនិយាយបានបន្តិចបន្តួច
クニョ(ム) アーイニェイバーン ボンテイッボントゥーイ
I can speak a little.

○○のために来ました
ខ្ញុំមកប្រទេសកម្ពុជាដើម្បី ○○
クニョムモー(ク) プロテッカンプチア ダウムバイ○○
I came to Cambodia for ○○.

5日間滞在します ➡P86(年月日)
ខ្ញុំស្នាក់នៅ៥ថ្ងៃ
クニョ(ム) スナ(ク) ッヌー プラ(ム) トガイ
I am staying for five days.

あなたは独身ですか？★
តើអ្នកនៅលីវឬ?
タウ ネァッ(ク) ヌーリゥ ルー
Are you single?

クメール語は難しいです
ភាសាខ្មែរពិបាកនិយាយណាស់
ピァサークマェ ピバッニイェイナッ
Speaking Khmer is difficult.

会社員
បុគ្គលិកក្រុមហ៊ុន
ボッカルッ クロムホン
company staff

主婦
មេផ្ទះ

メープテァ
house wife

フリーター
កម្មករក្រៅម៉ោង
カマコー クラウマオン
part-time worker

仕事
ការរកស៊ី

カーロッシー
business

観光
ទេសចរណ៍

テッ(ス) チョー
sightseeing

勉強
រៀន
リェン
studying

既婚
រៀបការហើយ
リァッ(プ) カーハォイ
married

★親しい間柄でない場合は、相手のプライベートに関するストレートな質問は控えておこう

はじめまして、私の名前は<u>メイ</u>です

សួស្ដី ខ្ញុំឈ្មោះម៉ី

スースダイ　クニョ（ム）　チュモォッ　<u>メイ</u>
Hi, I am May.

どこから来たのですか？

តើអ្នកមកពីណា?

タウネァッ（ク）　モー（ク）　ピーナー
Where are you from?

ご職業はなんですか？

តើអ្នកធ្វើការអ្វី?

タウネァッ（ク）　トゥブーカーアヴァイ
What do you do for a living?

何歳ですか？

តើអ្នកអាយុប៉ុន្មាន?

タウネァッ（ク）　アユッポンマーン
How old are you?

クメール語を話せますか？

តើអ្នកចេះនិយាយភាសាខ្មែរទេ?

タウネァッ（ク）　チェッニイェイピァサークメェテー
Do you speak Khmer?

旅の目的はなんですか？

តើអ្នកមកស្រុកខ្មែរដើម្បីអ្វី?

タウネァッ　モー（ク）　スロッ（ク）　クメェダュムバイアヴァイ
What is your purpose of your visit?

何日滞在しますか？

តើអ្នកនៅទីនេះប៉ុន្មានថ្ងៃ?

タウネァッ（ク）　ヌーティーニッ　ポンマントガイ
How long will you be here?

結婚しています。子供が〇人います

ខ្ញុំរៀបការហើយ ខ្ញុំមានកូន 〇 នាក់

クニョ（ム）　リァッ（プ）　カーハォイ　クニョ（ム）　ミェンコーン〇ネァッ（ク）
I am married. I have 〇 children.

クメール語が上手ですね

អ្នកនិយាយខ្មែរបានល្អណាស់

ネァッ（ク）　ニィェイクメェ　バーンロォーナッ
Your Khmer is very good.

🚃 ひとくちコラム

ニックネームも聞こう
親しい間柄の中では、名前でなくニックネーム「チュモォッハウクラウ」で呼び合うのが習慣。名前を尋ねるときに一緒に聞いて覚えておこう。

歩こう

街歩き、観光には、ルモーかモトドップをうまく使いこなしたい。利用する前にかならずドライバーに料金交渉を。

カンボジア、シェムリアップの街中には素敵な雑貨屋やカフェなどもあります。

街歩きは楽しいのですが——

暑い……

しかもちょっとお洒落な店は、離れた所にあったりする……

そこで使うのが三輪タクシー

ルモー

コミチウー

あなたが好きな町を教えてください

សូមប្រាប់ខ្ញុំពីទីក្រុងដែលអ្នកចូលចិត្ត ។

ソームプラッ(プ)クニョ(ム) ビー ティークロン ダェルネァッ(ク)チョールチェッ(ト)
Please tell me your favorite town?

❶ バッタンバン
បាត់ដំបង
バッドンボーン
Battambang

北西部に位置する稲作で有名な州。この街からボートでシェムリアッフへ移動できる。

❷ シェムリアップ
សៀមរាប
シェムリャップ
Siem Reap

アンコール遺跡のある国内最大の観光地。観光施設も次々に建設され、常に賑わっている。

❸ プリア・ヴィヘア
ព្រះវិហារ
プレァヴィヒア
Preah Vehear

2008年にユネスコの世界遺産に登録された遺跡がある州。観光地としての整備も進んでいる。

❹ コンポンチャム
កំពង់ចាម
コンポンチャーム
Kampong Cham

メコン河流域の稲作、畑作が盛んな州。メコン河には日本の支援による「きずなの橋」が架かる。

❺ プノンペン
ភ្នំពេញ
プノ(ム) ペン
Phnom Penh

人口130万人を誇るカンボジアの首都。近代的なビルも立ちはじめ、活気にあふれている。

❻ シアヌークビル
ក្រុងព្រះសីហនុ
クロンプレァシハヌ
Shianoukeville

カンボジアの海岸リゾート地。白い砂浜と透明な海岸は一見の価値あり。ダイビングもできる。

---

column | カンボジアの世界遺産

カンボジアの世界遺産といえばアンコールワット遺跡が有名だが、2008年7月はプリア・ヴィヘア遺跡がユネスコの世界遺産に登録された。ここはタイとの国境にある山の頂上に位置し、絶壁からカンボジアの国土を見下ろすような形で立つ、9世紀から12世紀にかけて4人の王によって創られた、とても神秘的な遺跡。以前はタイ側からでないとアクセスが難しい場所柄だったが、その後はカンボジア国内からの道路整備も始められ、観光化されつつある。まだ秘境の地というイメージが強いこの遺跡に、多くの観光客が訪れるのも時間の問題だろう。

★2008年12月現在、カンボジアには2件の世界遺産がある

ここはどこですか？
តើទីនេះជានៅឯណា？
タウティーニッ　チャヌーティーナー
Where is it here?

迷子になりました
ខ្ញុំវង្វេងផ្លូវ
クニョ(ム)　ヴォンヴェーンプラウ
I'm lost.

（地図を見せながら）場所を指してください
សូមជួយបង្ហាញខ្ញុំពីទីតាំងនៅលើផែនទី
ソームチュー(イ)ボンハー(ニュ)　クニョ(ム)　ピーティーターン　ヌールーパェンティー
Could you please show me where on the map?

❶ ワット・プノム
វត្តភ្នំ
ヴォアッ(ト)　プノ(ム)
Wat Phnom

プノンペンの中心にある小高い丘。ペン夫人という豪族が建てたといわれる寺院がある。商売繁盛祈願者で賑わう。

❷ セントラル・マーケット
ផ្សារធំថ្មី
プサー　ト(ム)　トマイ
Central Market

シアヌーク時代に建てたドーム型のユニークな建築様式の市場。庶民の台所として生鮮食品から電化製品までそろう。

❸ 独立記念塔
វិមានឯករាជ្យ
ヴィミェンアェッカリッ(チ)
Independence Monument

1953年11月9日のフランスからの完全独立を記念して建造された塔。バコン遺跡をモチーフにしている。

❹ トゥール・トンポーン
ទួលទំពូង
トゥー(ル)　トンポーン
Toul Tom Poung

通称「ロシアンマーケット」と呼ばれる骨董品やみやげ物が豊富な市場。外国人観光客が多く訪れるのでセンスがいい。

❺ トゥール・スレン博物館
សារមន្ទីរទួលស្លែង
サー(ル)　モンティ　トゥー(ル)　スラェン
Tuol Sleng Museum

1975年4月から約3年8カ月の間、ポル・ポト政権下で収容所として使われた施設跡。見学もできる。

❻ 王宮
ព្រះបរមរាជវាំង
プレアボーロ(ム)　リッ(チ)　ヴェアン
Royal Palace

1866年にノロドム王がウドンからプノンペンに遷都した際に建設。敷地内の一部は一般公開されている。

❼ 国立博物館
សារមន្ទីរជាតិ
サー(ル)　モンティーチャッ(ト)
National Museum

1905年に開設された、クメール様式の建物が特徴的な博物館。アンコール遺跡から出土した、貴重な展示物がある。

❽ オリンピック・スタジアム
ស្តាតអូឡាំពិក
スター(ト)　オーランピッ(ク)
Olympic Stadium

国立総合競技場。通称「オリンピックスタジアム」と呼ばれ、市民に親しまれている。朝はジョギングの人たちで賑わう。

❾ シルバー・パゴダ
វត្តព្រះកែវមរកត
ヴォアッ(ト)　プレアカェウモロコッ(ト)
Silver Pagoda

王宮の南側にある、王族の菩提寺。床は1枚約1kgの銀板5329枚が敷き詰められ、シルバー・パゴダと呼ばれる。

○○まではどのくらいですか？
តើចំណាយពេលប៉ុន្មានដើម្បីទៅ ○○

タウ チョムナーイペー(ル) ボンマーン ダウムバイタウ ○○
How long does it take to ○○?

❶ プリア・ノロドム・シハヌーク・アンコール博物館
សារមន្ទីរព្រះនរោត្តមសីហនុអង្គរ

サー(ル) モンティー プレァノロドムシハヌ アンコー
Preah Norodom Sihanouk-Angkor Museum

日本の上智大学が調査で発掘した仏像を安置するために建てた博物館。

○分くらいです
ប្រហែល ○ នាទី

プロヘェ(ル) ○ニァティー
It takes about ○ minutes.

❷ プサー・チャ
ផ្សារចាស់

プサーチャッ
Phsar Chas

シェムリアップでみやげものを買うならココ。市場の周りにもショップが集まっているので楽しい。

❸ プサー・ルー
ផ្សារលើ

プサールー
Phsar Leu

シェムリアップの庶民が買い物で利用する大きな市場。地元の人の生活の様子がわかる。

❹ アンコール・ナイトマーケット
ផ្សាររាត្រីអង្គរ

プサーリトレイアンコー
Angkor Night Market

ショップやカフェ、レストランなどを集めた、ナイトマーケット。涼しい夜に買い物できる。

❺ アンコール国立博物館
សារមន្ទីរជាតិអង្គរ

サー(ル) モンティー チャッ(ト) アンコー
Angkor National Museum

出土品などを集めた大規模な博物館。アンコールワットを模した建物が目を引く。

❻ カンボジアン・カルチャー・ヴィレッジ
ភូមិវប្បធម៌កម្ពុជា

プームヴァパトァカンプチア
Cambodian Cultural Village

カンボジアの生活や習慣、結婚の儀式などをわかりやすく紹介する。アトラクションも豊富。

❼ 国王別邸
ដំណាក់ស្តេច

ドムナッ(ク) スダイッ
Royal Residence

グランドホテルの向かいに、小さくひっそりとしながらも品のある建物。時々王様が滞在される。

○○には何で行くのがいいですか？
តើខ្ញុំគួរតែទៅ ○○ ដោយអ្វី?

タウクニョ(ム) クータェタウ ○○ ダオイアヴァイ
How can I go to ○○?

タクシーで
ដោយតាក់ស៊ី

ダオイタクシー
by taxi

ルモーで ★
ដោយរឺម៉ក

ダオイルモッ(ク)
by Roemork

ひとくちコラム
シェムリアップは観光の拠点。年間150万人近い観光客が訪れているカンボジア。その最大のターゲットはアンコールワット遺跡があるシェムリアップ州。プノンペンと並んで国際空港を持つため、タイやベトナム、シンガポール、韓国などから直接シェムリアップに入ることができる。

モトドップで ★
ដោយម៉ូតូឌុប

ダオイモトードッ(プ)
by bike taxi

徒歩で
ដោយដើរ

ダオイダウ
on foot

★ルモー、モトドップはカンボジアでは主要交通機関（→P25）

道を尋ねよう

សួររកផ្លូវ
スォーロ(ク) プルゥ
Asking the way

○○に行きたいのですが
ខ្ញុំចង់ទៅ ○○
クニョ(ム) チョンタウ○○
I want to go to ○○.

2つ目の角を右に曲がってください
សូមបត់ស្តាំនៅកាច់ជ្រុងទី២
ソームボッ(ト) スダム ヌーカイッチョロンティービー
Turn right at the second corner, please.

ここから近いですか？
តើនៅជិតនេះទេឬ?
タウ ヌーチッ(ト) ニッ テールー
Is it close to here?

近いです
នៅជិតនេះ
ヌーチッ(ト) ニッ
It is close to here.

遠いです
នៅឆ្ងាយពីនេះ
ヌーチュガーイピー ティーニッ
It is far from here.

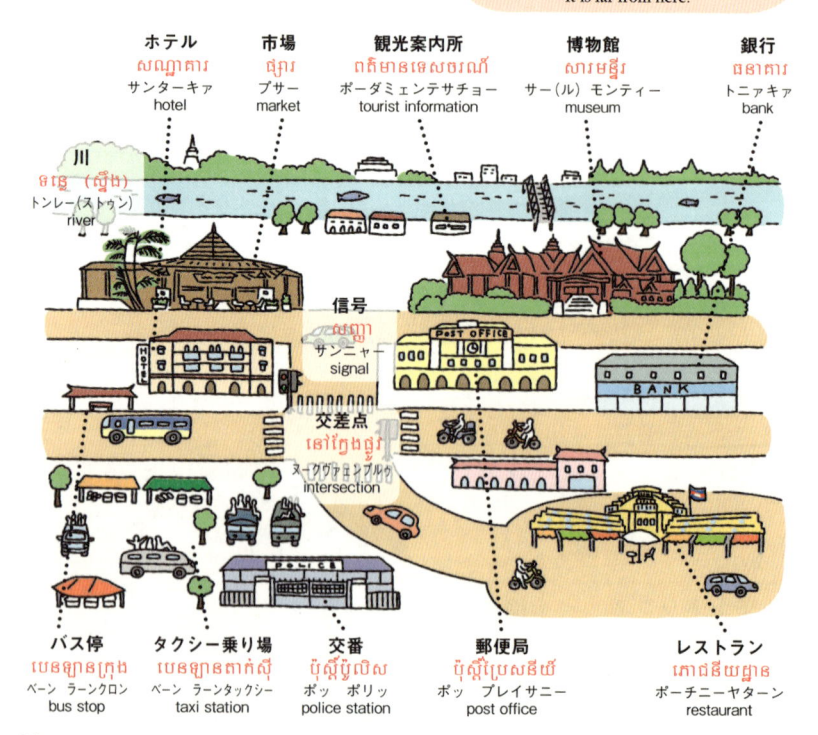

ホテル សណ្ឋាគារ サンターキャ hotel

市場 ផ្សារ プサー market

観光案内所 ពត៌មានទេសចរណ៍ ポーダミェンテサチョー tourist information

博物館 សារមន្ទីរ サー(ル) モンティー museum

銀行 ធនាគារ トニァキャ bank

川 ទន្លេ (ស្ទឹង) トンレー(ストゥン) river

信号 សញ្ញា サンミャー signal

交差点 នៅក្រវែងផ្លូវ ヌーグヴァェンプルゥ intersection

バス停 បេឡាន់ក្រុង ベーン ラーンクロン bus stop

タクシー乗り場 បេឡាន់តាក់ស៊ី ベーン ラーンタックシー taxi station

交番 ប៉ុស្តិ៍ប៉ូលិស ポッ ポリッ police station

郵便局 ប៉ុស្តិ៍ប្រៃសណីយ៍ ポッ プレイサニー post office

レストラン ភោជនីយដ្ឋាន ポーチニーヤターン restaurant

道に迷ってしまいました
ខ្ញុំវង្វេងផ្លូវ
クニョ(ム) ヴォンヴェーンプルウ
I'm lost.

ここはどこですか？
តើនេះនៅកន្លែងណា?
タウ ニッヌーコンレェンナー
Where is this?

近くにバス停はありますか
តើមានបេនឡានៅជិតនេះវីទេ?
タウミェンベーンフーン ヌーブッ(ト) ニッルーテー
Is there a bas stop?

ひとくちコラム
カンボジア人は地図が苦手?!
地図は道を聞くときの必須アイテム。でも、「すみません、○○へ行きたいんですけど」と、地図を差し出したのに、上下逆さに手にとって悩むカンボジア人をよく見かける。そう、カンボジア人のなかには地図が苦手な人が多いのだ。感覚で場所を覚えているのだとか。そんなときは、ホテルのフロントの人に、クメール語で場所の名前を書いてもらう、運転手さんに道を説明してもらうなどして対応しよう。

北 ខាងជើង カーンチューン north
西 ខាងលិច カーンレイッ west
東 ខាងកើត カーンカウ(ト) east
南 ខាងត្បូង カーントボーン south

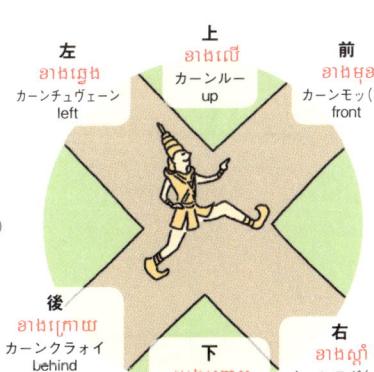

上 ខាងលើ カーンルー up
左 ខាងឆ្វេង カーンチュヴェーン left
前 ខាងមុខ カーンモッ(ク) front
後 ខាងក្រោយ カーンクラオイ behind
下 ខាងក្រោម カーンクラォム down
右 ខាងស្ដាំ カーンスダ(ム) right

最初の ទី១ ティームサーイ first	**次の** ជាប់បន្ទាប់ チョアップヌン next
角 កាច់ជ្រុង カイッチョロン corner	**突き当たり** ខាងចុង カーンチョン end
行きどまり ខាងចុងគេបង្អស់ カーンチョンケー ボンオッ dead end	**向かい** ផ្ទល់មុខ プトルモッ(ク) across

使える！ワードバンク　町歩き編

大通り	ផ្លូវធំ	ロッカヴィティ
通り	ផ្លូវ	プルウ
公園	សួនឧទ្យាន	スーンチュバー
広場	ទីលាន	ティーリェン
看板	ផ្ទាំងសញ្ញា	プラー(ク) サンニャー
歩道橋	ស្ពានអ្នកថ្មើរជើង	プルネアッ(ク) トマウチューン
出口	ច្រកចេញ	チョロー(ク) チェン
入口	ច្រកចូល	チョロー(ク) チョー(ル)
ブロック	ផ្ទុំ	マドム

観光しよう

ទៅមើលទេសភាព
トッ チェンタウ テサチョー
Let' see the sights.

入場料はいくらですか？
តើថ្លៃចូលអស់ប៉ុន្មាន?
タウ トライチョー(ル) オッポンマーン
How much is admission?

○○リエルです
○○ រៀល
○○ リェル
○○ riel.

○○チケットを1枚ください
សូមទិញសំបុត្រ○○១សន្លឹក
ソームティン ソンボッ(ト) ○○ ムォーイソンルッ(ク)
I will take the one ○○ticket

学生	子ども ★	大人
សិស្ស	ក្មេង	មនុស្សធំ
サッ	クメーン	モヌットム
student	child	adult

手荷物一時預かり
បន្ទប់ផ្ញើរវាង់
ポントッ(プ) プニャウエイヴァン
checkroom

ツアーガイド
មគ្គុទេសន៍
メァクテッ
a tour guide

展示室
សាលពិពណ៌
サー(ル) ピポァ
exhibition hall

撮影禁止
ហាមថតរូប
ハームトー(ト) ルー(プ)
no photo

オーディオガイド
ការពន្យល់ដែណាំ តាមម៉ាស៊ីន
カーポンヨー(ル) ナェノァム タームマシーン
audio guide

チケット売り場
កន្លែងលក់សំបុត្រ
コンラェン ロッソンボッ(ト)
ticket office

インフォメーション
ពត៌មាន
ポーダミェン
information

解説
បកស្រាយ
ボッ(ク) スラーイ
commentary

★子ども料金とは、6歳以下を対象にすることが多い。

開館（閉館）は何時ですか？
តើ បើក(បិទ)ម៉ោងប៉ុន្មាន?
タウ バウッ(ク)（バッ(ト)) マオンポンマーン
What time does it open (close)?

無料パンフレットはありますか？
តើអ្នកមានក្រដាសពត៌មានទេ?
タウネアッ(ク) ミェンクロダッポーダミェンテー
Do you have any free brochures?

○○に興味があります
ខ្ញុំចាប់អារម្មណ៍លើដឹង ○○
クニョ(ム) チャ(プ) ア ロ(ム) ヌン○○
I am interested in ○○.

歴史
ប្រវត្តិសាស្ត្រ
プロヴァテサッ
history

世界遺産
បេតិកភ័ណ្ឌពិភពលោក
ペテカポァンピーポ(プ) ロー(ク)
World Heritage Site

遺跡
ប្រាសាទ
プラサー(ト)
ruins

美術品
ស្នាដៃសិល្បៈ
スナーダイサラパッ
a work of art

宗教
សាសនា
サスナー
religion

建築
ស្ថាបត្យកម្ម
スターパチャカ(ム)
architecture

彫刻
រូបចម្លាក់
ルー(プ) チョムラッ
sculpture

民族衣装
សម្លៀកបំពាក់ប្រជាប្រិយ
ソムリァッ(ク) ボムペァッ(ク) プロチャプレイ
a folk costume

民族舞踊
របាំប្រជាប្រិយ
ロバ(ム) プロチャプレ・イ
folk dance

博物館
សារមន្ទីរ
サー(ル) モンティー
museum

王宮
ព្រះបរមរាជវាំង
プレァボーロ(ム) リッ(チ) ヴェアン
Palace

仏像
ព្រះពុទ្ធបដិមា
プレァポッ(ト) パデマー
a statue of Buddha

地雷
ចម្ការមីន
チョムカーミン
a land mine

 **ひとくちコラム**

余裕があればお寺の散策も
遺跡や博物館、市場などの観光スポットを満喫したら、ちょっと方向を変えて地元の仏教寺院を訪れてみるのもススメ。寺の建築様式や壁に施されている絵画などを見ていると、カンボジアの建築、美術の特徴、そして信仰心を学ぶことができる。外国人を中心とした人であふれる観光名所とは違って、静寂のなかでカンボジア人の生活や信仰を垣間見ることができるので、より理解が深まるだろう。

使える！ワードバンク 〈ミュージアム編〉

美術館	សារមន្ទីរសិល្បៈ	サー(ル) モンティーサラパッ
開館時間	ម៉ោងបើក	マオンバウッ(ク)
閉館時間	ម៉ោងបិទ	マオンバッ(ト)
絵画	គំនូរ	コムヌゥー
休館日	ថ្ងៃឈប់សម្រាក	トガイチョッ(プ) ソムラッ
入場料	ថ្លៃចូលសម្រុក	トライチョー(ル) トゥサナー
割引	បញ្ចុះតម្លៃ	バンチョッドムライ
館内図	ផែនទីក្នុងបរិវេណអាគារ	ペェンティ クノンバリヴェーンアーキァ

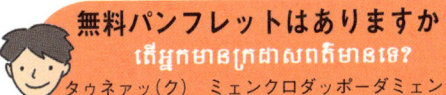

乗り物に乗ろう

ប្រើប្រាស់មធ្យោបាយធ្វើដំណើរ
ブラウプラッ マチュバーイトヴゥドムナウ
Using transportation

カンボジアではバスや電車などの公共交通機関がまだ整備されていないところが多い。自由行動の時間は、地元の「足」をうまく使いこなして観光にでかけよう。

タクシーを呼んでください
សូមហៅឡានតាក់ស៊ីអោយខ្ញុំផង
ソームハウ ラーンタクシー アォィクニョムポーン
Could you call me a cab?

タクシー
ឡានតាក់ស៊ី
ラーンタクシー
taxi

○○まで行ってください
សូមជូនខ្ញុំទៅ ○○
ソームチューンクニョムタウ○○
Could you take me to ○○ please?

チャーター
ការជួល
カーチュー(ル)
charter

メーターを使ってください
សូមប្រើវាស់ម៉ែត្រតាក់ស៊ីផង
ソームプラウ ヴォアッマェットタクシーポーン
Please use a taximeter.

予約
ការកក់ទុកមុន
カーコットッ(ク) モン
reservation

急いでいます
ខ្ញុំប្រញាប់
クニョ(ム) プロニャッ(プ)
I am in a hurry.

取消し／キャンセル
ការលប់ចោល
カーロッ(プ) チャオ(ル)
cancellation

ここで止めてください
សូមឈប់នៅទីនេះ
ソームチョッ(プ) ヌーティーニッ
I got off here.

変更
ការប្ដូរ
カープドー
changing

半日料金
ថ្លៃឈ្នួលសំរាប់កន្លះថ្ងៃ
トライチュヌー(ル) ソムラッ(プ) コンラットガイ
fare for a half day

1日料金
ថ្លៃឈ្នួលសំរាប់មួយថ្ងៃ
トライチュヌー(ル) ソムラッ(プ) ムォーイガイ
fare for a day

ひとくちコラム
カンボジアは右側通行
日本とは異なり、カンボジアは右側通行なので、最初は慣れるまでにちょっとと違和感があるかもしれない。道を横断するときなどは、左からの車やバイクに注意しなければならないが、時には逆走をしてくるバイクなどもあるので、右も左も気を抜けない。車やバイクが近づいてきたら、「私はこれから渡りますよー」という雰囲気を醸し出して、ゆっくりゆっくり、決して走らず渡るのがコツ。

使える！ワードバンク 乗り物編

運転手	អ្នកបើកបរ ネアッ(ク) バウッ(ク) ボー
割増料金	ថ្លៃបន្ថែម トライボンテェム
領収書	បង្កាន់ដៃ ボンカンダイ
空車	ឡានតាក់ស៊ីដែលទំនេរ ラーンタクシー ダェ(ル) トムネー
乗車	ឡានតាក់ស៊ីដែលមានភ្ញៀវហើយ ラーンタクシー ダェ(ル) ミェンケーチッハオィ
乗合い	ជិះរួមគ្នា チッルームクニア

ルモー (三輪タクシー)
រឺម៉ក
ルモッ(ク)
Rumokk

モトドップ (バイクタクシー)
ម៉ូតូឌុប
モトードッ(プ)

高い (料金が)
ថ្លៃ
トライ
expensive

安い (料金が)
ថោក
タォッ(ク)
cheap

レンタサイクル
កង់ជួល
コンチュール
a rental cycle

貸出し
សម្រាប់ជួល
ソムラッ(プ) チュール
rental

返却
សងវិញ
ソーンヴェン
return

○○までいくらですか？
ទៅ ○○ អស់ថ្លៃប៉ុន្មាន?
タウ○○ オットライポンマーン
How much is it to go to ○○?

○○リエルです
អស់ ○○រៀល
オッ ○○リェル
○○ riel.

○○リエルにしてください
សូមបញ្ចុះតម្លៃទៅ ○○ រៀលបានហើយ
ソームバンチョッドムライ ヌー○○リェルバーンハオイ
Please discount to ○○ riel.

もう少し安くしてください
តើអ្នកអាចបញ្ចុះតម្លៃអោយខ្ញុំបានទេ?
タウネアッ(ク) アー(イ) バンチョッドムライ アオィクニョ(ム) バーンテー
Could you give me a discount?

乗ります
ខ្ញុំជិះ
クニョ(ム) チッ
I get on.

乗りません
ខ្ញុំមិនជិះទេ
クニョ(ム) マンチッテー
I do not get on.

 ひとくちコラム

市民の足はこの2つ
カンボジア人の便利な足といえば、ルモーとモトドップ。ルモーはいわゆる三輪タクシーで、バイクの後ろに2〜4人乗りの座席をつけたもの。グループでの移動に便利だ。モトドップはバイクタクシー。エコノミーホテルやゲストハウス前に待機していることが多い。ただし、どちらも乗車前に料金交渉が必要となる。

ブレーキ
ហ្វ្រាំង
フラン
brake

ハンドル
ដៃម៉ូតូ
ダイモトー
handle

サドル
កែប
カェッ(プ)
saddle

ライト
អំពូល
オンプー(ル)
light

カゴ
កន្ត្រក
コントロッ(ク)
basket

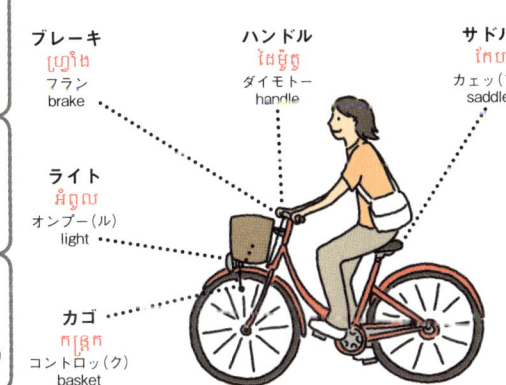

はじめよう / 歩こう / 食べよう / 買おう / 極めよう / 伝えよう / 日本の紹介

ホテルに泊まろう

ស្នាក់នៅសេណ្ណាគារ
スナッ(ク) ヌウサンターキァ
Staying at a hotel

予約をした山田です
ខ្ញុំឈ្មោះយាម៉ាដាដែលមានការកក់ទុក
クニョ(ム)チュモォッヤマダ ダェルミェンカーコットッ(ク)
I have a reservation for YAMADA.

チェックインをお願いします
ខ្ញុំចង់ចុះឈ្មោះ
クニョ(ム) チョン チョッチュモォッ
I would like to check in.

空室はありますか？
តើមានសល់បន្ទប់ទំនេរទេ?
タウミェンソル ボントッ(プ) トムネーテー
Do you have any rooms available?

満室です
ពេញហើយ
ペンハオイ
We are booked solid.

部屋を見せてください
សូមបង្ហាញបន្ទប់ផង
ソームボンハー(ニュ) ボントッ(プ) ボーン
Could you please show me the room?

あります
បាទ/ចាំ មាន
バー(ト) /チャー ミェン
Yes, we do.

1泊いくらですか？
តើមួយយប់ថ្លៃប៉ុន្មាន?
タウムォーイトガイ トライポンマーン
What is the room rate per night?

○○リエルです
ថ្លៃ○○រៀល
トライ○○リェル
It's ○○ riel.

○泊したいです
ខ្ញុំចង់ស្នាក់នៅ○○យប់
クニョ(ム) チョンスナッ(ク) ヌウー ○○ヨッ(プ)
I would like to stay for ○○nights.

やめます
ខ្ញុំមិនយកទេ
クニョ(ム) マンヨー(ク) テー
I am not interested in.

どんなお部屋にいたしますか？
តើអ្នកចង់បានបន្ទប់ប្រភេទណា?
タウネアッ(ク) チョンバーンボントッ(プ) プロペー(ト) ナー
What type of room would you like?

バス付き
មានអាងងូតទឹក
ミェンアーングゥー(ト) トゥッ(ク)
with a bath tub

シングル
គ្រែមួយ

クレームォーイ
single bed

ツイン
គ្រែពីរ
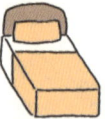
クレーピー
two beds

ダブル
គ្រែសំរាប់មនុស្សពីរនាក់
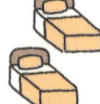
クレーソムラッ(プ) モヌッピーネアッ
doubled bed

スイート
បន្ទប់ប្រណិត

ボントッ(プ) プロネッ(ト)
suite

部屋のみ/素泊まり
ផ្ដល់តែបន្ទប់
チュールタェボントッ(プ)
room only

朝食付き
រួមមានអាហារពេលព្រឹក
ルームミェン アーハーペー(ル) プルッ(ク)
breakfast included

洗面台	エアコン	電話	枕
កន្លែងលុបមុខ លាងដៃ	ម៉ាស៊ីនត្រជាក់	ទូរស័ព្ទ	ខ្នើយ
コンレェンロッ(プ) モッ(ク) リァンダイ	マシーントロチァッ	トゥー(ル) サッ(プ)	クナォイ
washstand	air conditioning	telephone	pillow

窓
បង្អួច
ボンウーイ
window

トイレ
បង្គន់
ボンコン
toilet

浴室
បន្ទប់ទឹក
ボントッ(プ) トゥッ(ク)
bathroom

テレビ
ទូរទស្សន៍
トゥー(ル) トゥッ
television

冷蔵庫	洋服ダンス	金庫	ベッド
ទូទឹកកក	ទូដាក់ខោអាវ	ប្រអប់សុវត្ថិភាព	គ្រែ
トゥー・トゥッコッ	トゥーダッカオアウ	プロオッ(プ) ソヴァタピァッ(プ)	クレー
refrigerator	closet	safe	bed

○○がありません
អត់មាន○○ទេ
オッミェン○○テー
There is no ○○.

○○はありますか？
តើមាន○○ទេ?
タウミェン○○テー
Do you have ○○?

○○を取り替えてください
សូមប្ដូរ○○ផង
ソームプドー○○ポーン
Please change my ○○.

○○が壊れています
○○ខូច
○○コーィ
○○is broken

使える！ワードバンク　ホテル編

ドライヤー	ប្រដាប់ផ្លុំសក់	プロダッ(プ) プロ(ム) ソッ(ク)
トイレットペーパー	ក្រដាសអនាម័យ	クロダッアナーマイ
タオル	កន្សែងពោះពោ	コンセンポッコー
シーツ	កំរាលពូក	コムラールプー(ク)
石けん	សាប៊ូដុំ	サーブー ド(ム)
シャンプー	សាប៊ូកក់សក់	サーブー コッソッ(ク)
リンス	សាប៊ូបន្ទន់សក់	サーブー ボントンソッ(ク)
インターネット接続	ការភ្ជាប់អ៊ីនធឺណែត	カープチョァッ(プ) インターネッ(ト)

★豪華なホテルはレストランやプール、スパなどが充実している。遺跡や街の観光もいいが、ゆっくりホテルを楽しむ滞在スタイルもカンボジアの旅の魅力だ

食べよう

野菜、肉・魚類など食材も食べ方も豊富。タレや香辛料でお気に入りの味にアレンジし、ビールとともに味わおう。

「カンボジアのごはんは懐しい家庭料理っぽいです」

たっぷりのスープとちょっとしたおかずでごはんを食べる。甘辛味のおかずが多く、ご飯が進むのだ!

ある日の食事

- 土鍋スープ [スープ・チュナンダイ] 豚内臓肉いろいろ入り! さっぱり味
- 豚肉からあげ
- ごはん(おかわり可) [サイ・チュル・ボンポーン]
- 魚の塩辛炒め [プラホックリン] → ごはんのアテにうまい!!
- さつまあげ [プロハッ・ボンポーン]

ハーブやスパイスも多様しているのだけれどやさしい味付け。

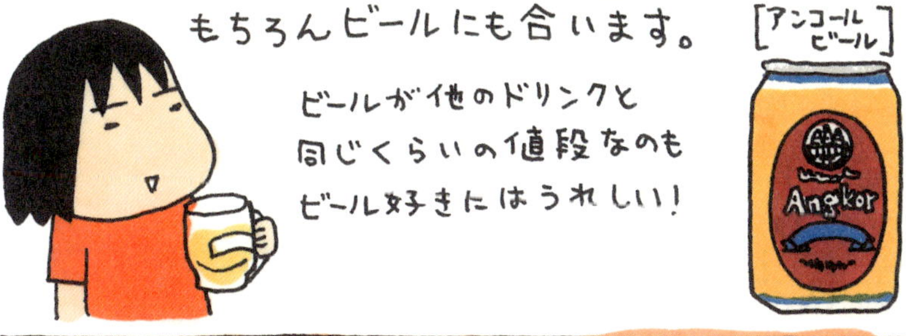

予約と注文

ការកក់ទុក និងការកម្មង់
カーコットッ(ク) ヌン カーコモン
Reservation and order

今晩の予約をしたいのですが
តើខ្ញុំអាចកក់ទុកសំរាប់យប់នេះបានទេ?
タウクニョ(ム) アーイコットッ(ク) ソムラッ(プ)ヨッ(プ)ニッ バーンテー
Can I make a reservation for tonight?

あいにく満席です
សូមទោស ពេញអស់ហើយ
ソムトッ ペンオッハオイ
Sorry, we are full tonight.

何時からですか？
តើចាប់ពីម៉ោងប៉ុន្មាន?
タウ チャッピーマオンポンマーン
What time?

19時からです
ចាប់ពីម៉ោង៧យប់
チャッピーマオン プラ(ム) ピーヨッ(プ)
From 7 pm.

何名ですか？
តើមានមនុស្សប៉ុន្មាននាក់?
タウミェンポンマーンネアッ(ク)
How many people?

4名です
៤នាក់
ボーンネアッ(ク)
Four people, please.

お名前をどうぞ
សុំឈ្មោះផង?
ソーム チュモッポーン
Could I have your name?

○○です
ខ្ញុំឈ្មោះ○○
クニョムチュモッ○○
My name is ○○.

レストラン
ភោជនីយដ្ឋាន
ポーチニーヤターン
restaurant

大衆食堂
អាហារដ្ឋាន
アーハーラターン
cafeteria

屋台
ហាងទំនើមទល់
ハーン チェンチャウムトノ(ル)
street stall

カフェ
ហាងកាហ្វេ
ハーンカフェー
café

バー
បា
バー
bar

クメール料理
ម្ហូបខ្មែរ
マホー(プ) クマェ
Khmer food

喫煙席
កន្លែងជក់បារី
コンレンチョッ(ク) バーライ
smoking area

禁煙席
កន្លែងហាមជក់បារី
コンレンハームチョッ(ク) バーライ
non-smoking area

窓側
ខាងបង្អួច
カーンボンウーイ
window side

個室
បន្ទប់ពិសេស
ボントッ(プ) ピッセッ
function room

🛺 **ひとくちコラム**

レストランのマナー
カンボジアのレストランでは、会計はレジではなく各テーブルで行われる。会計を頼むと請求書を持ってきてくれるので、そこにお金を挟んで返す。しばらく待つとおつりを持ってきてくれるはずだ。チップは義務ではないものの、心付けを渡すのはOK。仲よくなった従業員さんには手渡してもいいし、会計の際にお金を挟むバインダーにはさんでおいてあげるのもなかなかスマート。

すみません
សូមទោស
ソムトッ
Excuse me.

メニューをもってきてください
ខ្ញុំសុំមើលម៉ឺនុយបន្តិចបានទេ?
クニョ(ム) ソム ムー(ル) メノイ ボンティッバーンテー
Could I have a <u>menu</u>?

日本語（英語）のメニューはありますか？
តើអ្នកមានម៉ឺនុយជាភាសាជប៉ុន(អង់គ្លេស)ទេ?
タウミエンメノイチァピァサーチョーポン（オングレー）テー
Do you have a Japanese (an English) menu?

セットメニュー	日替わり定食	おすすめ料理
សិតម៉ឺនញ	អាហារពិសេសប្រចាំថ្ងៃនេះ	អ្វីដែលចុងភៅផ្តល់យោបល់នាំ
セットメヌー	アーハーピッセッ プロチャ(ム) トガイニッ	マホーブェル チョンバウチューイ ヌェノァム
comnination plate	today's special	chef's recommendation

(メニューを指して) これをください
ខ្ញុំយកម្ហូបនេះ
クニョ(ム) ヨー(ク) ムォーイニッ
I'd like this, please.

名物料理
អ្វីបល្បីល្បាញ
マホー(プ) ロバイロバー(ニュ)
Local dishes

料理がまだきません
អ្វីដែលខ្ញុំបានកម្ម៉ង់អត់ទាន់ឃើញ
マホー(プ) ダェル クニョ(ム) バーンコモン オッタァンクーイン
Could you follow up our order?

水／氷
ទឹក／ទឹកកក
トゥッ(ク)／トゥ(ク) ッコッ(ク)
water / ice

灰皿	つまようじ	ナプキン
ចានគោះបារី	ឈើចាក់ធ្មេញ	កន្សែងទ្រាប់
チャーンコッバーライ	チューチャッ(ク) トメィン	コンサェントロァッ(プ)
ashtray	tooth pick	napkin

会計をお願いします
សូមគិតលុយ
ソームクッ(ト) ロイ
Check please.

現金でお願いします
យើងយកតែប្រាក់សុទ្ធ
ユーン ヨー(ク) タェ ブラッ(ク) ソッ(ト)
We only accept cash.

カードは使えますか？
តើអ្នកទទួលយកប័ណ្ណក្រេឌីតទេ?
タウ アーイブラウ バンクレディッ(ト) バーンテー
Can I use credit card?

使える！ワードバンク　レストラン編

スプーン	ស្លាបព្រា	スラーブリァ
フォーク	សម	ソーム
ナイフ	កាំបិត	カンバッ(ト)
皿	ចានម្ហូប	チャーンマホー(プ)
グラス	កែវ	カェウ
カップ	ពែង	ペーン
店員さん★	អ្នកបម្រើ (ប្រុស)	ネァッ(ク) ボムラゥ
おつり	អាប់លុយ	アッ(プ) ロイ
割り勘	គិតលុយផ្សេងៗ	クッ(ト) ロイ ブセーンクニァ
おごる	បាវ	バウ

★クメール語ではウェイター、ウェイトレスといった男女を区別する単語、呼び方はない

スープ、前菜

សុប និងគ្រឿងក្រេម
スッ(プ) ヌン クルーンクラェム
soup and appetizers

カンボジアの名物料理はなんですか？

តើមានអ្វីពិសេសនៅក្នុងប្រទេសកម្ពុជា
タウミエン マホー(プ) アヴァイピッセッ ヌークノン プロテッカンプチア
What's the specialty in Cambodia?

前菜・サラダ

គ្រឿងក្រេម និងញាំ クルーンクラェム ヌン ニョァ(ム)
appetizers and salad

カンボジアのサラダはとっても新鮮でおいしい。食材、調味料、香辛料をふんだんに使って、時間をかけて作られる。

マンゴーサラダ
ញាំស្វាយ
ニョァ(ム) スヴァーイ
mango salad

青いマンゴーを千切りにして干し魚をドレッシングであえたサラダ。独特の酸味があるが人気。

バナナの花のサラダ
ញាំត្រយ៉ូងចេក
ニョァ(ム) トロヨンチェー(ク)
banana flower salad

バナナの花を使ったユニークなサラダ。カンボジア料理の定番メニューのひとつ。

生春巻き
នែម
ナェム
fresh spring roll

ベトナム料理として有名な料理だが、カンボジアでは気軽なおやつ感覚で、日常的に食べられている。

揚げ春巻き
ចៃយ៉
チャイヨー
deep fried spring roll

食前酒のつまみによく出てくる定番の一品。甘辛いソースを少しずつつけて食べるのがおすすめ。

豚とアヒル肉焼き
សាច់ជ្រូកទាខ្មែ
サイッ コー/ティア クヴァイ
pork & wild duck barbecue

豚とアヒルの肉をじっくりと焼いて旨みを引き出した一品。宴会などで酒のつまみとして出てくる。

牛串焼き
សាច់គោឆ្កាក់អាំង
サイッコー チョンカッ(ク) アーン
grilling beef on a skrew

屋台料理の定番で、おなじみのお料理。独特の味付けのソースにつけた牛肉を炭火で焼いて食べる。

さつま揚げ
ប្រហិតត្រី
プロハッ(ト) ポンポーン
fish cake

魚のすり身をふんだんに使って揚げた、いわゆるさつま揚げ。甘酸っぱいソースをつけて食べる。

スープ

ស៊ុប スッ(プ)
soup

カンボジアのスープはたいてい甘酸っぱいのが特徴。レモングラスやタマリンド★、トマト、パイナップルを使って酸味を出す。

甘ずっぱいスープ

សំឡម្ជូរ

ソムロー ムチュー
sweet and sour soup

甘ずっぱいスープに白身の魚、香草を入れたスープ。お好みに合わせてトウガラシで少し辛めにすると、味が引きしまる。

海苔のスープ

សំឡជីងាយ

ソムロー チーチャーイ
sea weed soup

岩海苔をふんだんに使い、豆腐と豚ひき肉が入ったスープ。あっさりとした味付けで食べやすく、日本人にも人気。

ココナッツミルクスープ

ស៊ុបខ្ទិះសម្ល

スッ(プ) クティッドーン
coconut milk soup

ココナッツミルクの甘さが引き立つ、クリーミーでマイルドなスープ。そのまま飲んでも、ご飯にかけてもおいしい。

苦ウリ肉詰めスープ

សំឡម្រះញាត់សាច់

ソムローマレァニャッ(ト) サイッ(チ)
stuffed bitter cucumber soup

苦ウリの中に豚ひき肉を詰めて煮込んだスープ。あっさりしたスープに苦味が効き、ヘルシー志向の人にぴったり。

野菜と炒り米のスープ

សំឡកកូរ

ソムローココー
vegetables and rice soup

数種類の野菜と炒った米、魚や肉などを入れて煮立たせたもの。米がとろみを作り出す。家庭によって具が異なる。

牛肉のすっぱいスープ

សម្លម្ជូរសាច់គោ

ソムロームチュー サイッコー
beef sour soup

香辛料たっぷりのトロトロしたスープに、牛肉と空芯菜を入れ、一緒に煮る。すっぱいスープが食欲をそそる一品。

1人分ずつよそってください

សូមរំលែកវាសំរាប់អ្នកទាំងអស់គ្នា

ソーム ロムレークヴィア ソムラッ(プ) ネァッ(ク) ティアンオッノニァ
Could you share it for everyone?

火を着けて（消して）ください

សូមបើក(បិទ)ភ្លើងអោយផង

ソームバウッ(ク)(バッ(ト)) プルーン アォイポーン
Please light (put out) a gas ring.

 ひとくちコラム

カンボジア人とスープ
カンボジア人の食卓にスープは不可欠。たっぷりのご飯とスープ、それからちょっと塩辛い味付けの炒め物や焼き魚などがゴザの上に並べられ、家族が輪になって食べる。大皿にご飯を盛り、スープをかけながらスルスルっとおなかに流し込むように食べるのがカンボジア流。日本の米と違ってカンボジアの米はさらりと軽いので、たっぷり食べないとおかいっぱいにならない。大皿に2杯はイケてしまうはず。

★タマリンドとはアジアの料理の酸味付けによく用いられる南国フルーツの一種

肉料理、魚料理

មូបសាច់ និងត្រី
マホー(ブ) サイッ ヌン トレイ
meat and fish

香草は入れないでください
សូមកុំដាក់ជី
ソームコム　ダッチー
Please do not put coriander.

辛くしないでください
សូមកុំអោយហឹរ
ソー(ム)コム　アォイハル
Please do not make it hot.

肉料理、魚料理
មូបសាច់ និងត្រី　マホー(ブ) サイッ ヌン トレイ
meat and fish

川魚が豊富なカンボジアは魚料理も多種多様。豚肉、鶏肉、牛肉も好んで食される。炒め物、煮物、焼き物など調理方法も多彩だ。

カンボジア・カレー
សម្ការីខ្មែរ
ソムローカーリー　クマェ
Cambodian curry

ココナッツミルクベースのマイルドなカレー。ご飯にかけるほか、パンなどをつけながら食べる方法もある。

白身魚のココナッツ蒸し
អាម៉ុក
アモッ(ク)
steamed white meat fish with coconut

白身の川魚をココナッツミルクで煮込んだ料理。魚の臭みもなく、ココナッツミルク風味満点で食べやすい。

カンボジア・オムレツ
ពងទាឆៀនត្រីបេមា
ポーンティアチャン　トレイプロマー
Cambodian omelette

魚のすり身を卵にまぜてさっとフライにしたオムレツ。塩辛いので、ご飯と一緒に食べるといい。

イカのコショウ炒め
ម឵ឹកឆាម្រេច
マッ(ク)　チャーマレイッ
fried squid with pepper

香ばしいコショウをたっぷり使った炒め物。季節によっては生のコショウを使うこともある。

揚げ魚の甘酢和え
ឆៀនត្រីជូរអែម
チャントレイ　チューアェム
deep fried fish with sweet and sour sauce

白身魚をひと口サイズに切ってフライにし、甘酸っぱいとろみのあるソースで和えた料理

★「パンをもう少しください」と伝えたいときは、ソームタェム　ノンパン　アォイクニョム　ティアッ(ト)
សូមថែមនំប៉័ងឱ្យខ្ញុំទៀត とお願いしよう

白身魚の醤油蒸し
ត្រីចំហុយទឹកស៊ីអ៊ីវ

トレイチョムホイ　トゥッ(ク)シイウ
steamed white meat fish with soy sauce

川魚を醤油とショウガで蒸した料理。エレファントフィッシュと呼ばれる川魚を使うことが多い。

空芯菜のオイスターソース炒め
ផាក្រគុនប្រេងខ្យង

チャートロクーン　プレーンチョーン
Fried morning glory with oyster sauce

空芯菜とニンニクをオイスターソースでさっと炒めた料理。好みによって辛くしてもらうのもおすすめ。

豚のスペアリブ
ឆ្អឹងជំនីរជ្រូក

チュアンチョムニー　チュルー(ク)
pork spareribs

骨付き豚肉を塩コショウでまぶし、油でカラッと揚げたもの。揚げたニンニクを添えることが多い。

地鶏の丸焼き
មាន់ដុត

モァンドッ(ト)
baked chicken

鶏一羽を丸焼きにして、すっぱ辛いソースで食べる。鶏は地鶏を使うことが多く、身も引き締まり味わい深い。

サイコロステーキ
សាច់ឡុកឡា(ក់)

ロッ(ク)ラッ(ク)
dice-shaped steak

ひと口サイズの牛肉をソースで炒めた料理。塩・コショウにライムを絞ったタレで食べる。

牛肉ロール
សាច់គោជំនួច

サイッコー　チョムヌーイ
rolled beef

牛肉をロール状にして炭火で焼いた一品。添えられた酢の物と一緒に食べるとおいしい。

ひとくちコラム
川魚と地鶏はぜひお試しを!
カンボジア料理の主流は魚料理。とはいえ、川魚なので「臭みがちょっと…」と思う人もいるはず。しかし、ココナッツオイルや香辛料でしっかり味付けし、臭みを消す工夫がされているので安心だ。そして、魚と並んで美味なのは　なんといっても地鶏。地鶏は丸焼きをコショウと塩にライムをかけたタレで食べるのがオススメ。

デザート、飲み物

បង្អែម និងភេសជ្ជៈ
ボンアェム ヌン ペーサチャッ
desserts and drinks

デザートには何がありますか？
តើមានបង្អែមអ្វីខ្លះ?
タウミエン ボンアェム アヴァイクラッ
What do you have for dessert?

コーヒーをお願いします
សុំកាហ្វេមួយ!
ソーム　カフェームォーイ
Coffee, please.

デザート

បង្អែម　ボンアェム
desserts

カンボジア人は甘いものが大好き。午後になると、屋台にはココナッツミルクやフルーツ、豆類などを使ったデザートが並ぶ。

カボチャプリン
សង្ខ្យាល្ពៅ
ソンクシャー　ラバウ
Pumpkin Pudding

カボチャ発祥の地と言われるこの国ならではのデザート。舌触りと甘みが美味。

タピオカ・バナナ
ចេកខ្ទិះ
チェー(ク) クティッ
tapioca and banana

ココナッツミルクの中にバナナとたっぷりのタピオカが入っている。

白玉ココナッツミルクがけ
បញ្ចុកទឹកដោះ
バンチュヌー(ク)
rice-flour dumplings with coconut milk

ココナッツミルクを使ったゼリー。甘すぎず、繊細でマイルドな味わい。

ココナッツゼリー
ចាហួយខ្ទិះដូង
チャーフーイ　クティッドーン
coconut jelly

ココナッツを使った南国らしいデザート。ココナッツの自然な甘さがおいしい。

揚げバナナ
ចេកចៀន
チェー(ク) チャン
fried banana

青いバナナをカラッと揚げただけのものだが、不思議と甘くて病み付きになる。

タロイモミルク
បបរត្រាវ
ボボートラウ
taro milk

ゆでたタロイモにココナッツミルクをかけて食べる、カンボジアらしい素朴な味。

砂糖ヤシミルク
បបរត្នោត
ボボートナォッ(ト)
sugar palm

砂糖ヤシのプリプリした実に、ココナッツミルクをたっぷりかけていただく。

トウモロコシ・ミルク
បបរពោត
ボボーポー(ト)
corn milk

タピオカとトウモロコシにココナッツミルクをかけたもの。素材の違いが面白い。

ひとくちコラム

氷に気をつけよう

南国に来たのだから、地元の屋台で冷たいかき氷やフルーツシェイク、砂糖キビジュースなどを飲みたいと思うもの。でも、ほかの東南アジア諸国同様に、生水や氷はお腹を壊す原因になるので、十分注意を払おう。特に市場で出される太い大きな氷を細かく砕いた、いわゆる「ぶっかき氷」は要注意！氷の真ん中に穴の空いた「衛生氷」は比較的信頼できるが、不安があるなら抜いてもらおう。

★「氷は入れないでください」と伝えたいときは、សូមកុំដាក់ទឹកកក។
ソーム　コムダッ　トゥッコ(ク) と伝えよう

飲み物

ភេសជ្ជៈ ペーサチァッ
drink

南国ならではの飲み物が豊富なカンボジア。ヤシやサトウキビジュースは、滞在中に一度は試してみたい。

ヤシのジュース
ទឹកដូង
トゥッ(ク) ドーン
coconut juice

ココナッツジュース。程よく熟したものは甘くさっぱりしている。

砂糖キビジュース
ទឹកអំពៅ
トゥッ(ク) オンパウ
sugar cane juice

砂糖キビを絞ったジュース。手動の圧搾機を乗せた屋台で買える。

豆乳
ទឹកសណ្ដែក
トゥッ(ク) ソンダェック
soy milk

砂糖がたっぷり入った豆乳。大豆のほかに、緑豆の豆乳もある。

コーラ
ក្កាក្កូឡា
コーカコーラー
coke

カンボジアでも生産されている。クメール語の空缶は記念になる。

フルーツシェイク
ទឹកក្រឡុក
トゥッ(ク) クロロッ(ク)
fruits shake

好きなフルーツを選んでシェイクにしてもらう、屋台の定番ジュース。

コーヒー
កាហ្វេ
カフェー
coffee

ラタナキリやモンドルキリで栽培されたコーヒーは香りもいい。

砂糖ヤシ酒
ស្រាទឹកត្នោត
スラートゥッ(ク) トナオッ(ト)
palm wine

砂糖ヤシを発酵させた酒。竹の筒に入れて自転車で販売している

米焼酎
ស្រា
スラーソー
rice liquor

米から作ったカンボジアならではの焼酎。各家庭で作ることが多い。

ビール
ប៊ីយេ
ビィエァ
beer

カンボジアのビールといえばアンコールビール。軽くて飲みやすい。

赤ワイン
ស្រាទំពាំងបាយជូរក្រហម
スラー トロペァンハーイチュー クロホーム
red wine

フランス統治国であったカンボジアでは、輸入ワインも豊富に揃う。

白ワイン
ស្រាទំពាំងបាយជូរស
スラー トロペァンバーイチュー ソー
white wine

日本で高級なワインも、カンボジアでは安く飲めるのでうれしい。

オレンジジュース
ទឹកក្រូច
トゥッ(ク) クローイ
orange juice

オレンジを絞った果汁100%ジュース。それほど酸っぱくはない。

紅茶
តែលីបតុង
タェリプトン
tea

カンボジアで紅茶といえばティーバッグで出てくるが、かなりの高級品だ。

使える！ワードバンク　飲み物編

炭酸入りミネラルウォーター	ទឹកមានជាតិកាបូណាត	トゥッ(ク) ミェンチァッ(ト) カボーナー(ト)
炭酸なしミネラルウォーター	ទឹកគ្មានជាតិកាបូណាត	トゥッ(ク) クミェンチァッ(ト) カボーナー(ト)
沸かした水	ទឹកក្ដៅ	トゥッ(ク) クダウ
氷	ទឹកកក	トゥッ(ク) コッ(ク)
ソーダ割	ស្រាលាយសូដា	スフー リュ・イソダ
水割	ស្រាលាយទឹក	スラー リェイトゥッ(ク)
炭酸飲料	ភេសជ្ជៈមានជាតិកាបូណាត	ペーサチァッ ミェンチァットカボーナー(ト)

はじめよう　歩こう　食べよう　買おう　極めよう　伝えよう　日本の紹介

大衆食堂で食べよう

អាហារដ្ឋាន
アーハラターン
restaurant

空いている席はありますか？
តើមានកន្លែងអង្គុយទំនេរទេ?
タゥミェン コンラェンオンクイルーオッ(ト)？
Do you have seats?

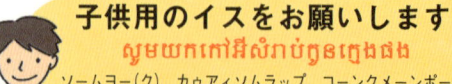

子供用のイスをお願いします
សូមយកកៅអីសំរាប់ក្មេងឯង
ソームヨー(ク) カゥアィソムラップ コーンクメーンボーン
Can we have a chair for a child?

お皿を代えてください
សូមដូរចាន
ソームドーチャーン
Please change my dish.

カンボジア風焼き肉
សាច់គោអាំងភ្នំភ្លើង
サイッコーアーン プルーンプノム
Cambodian barbecue

中央が高くなった特殊な炭火焼き肉鍋で、バターにつけた牛肉を焼いて食べる料理。

カンボジア風お好み焼
បាញ់ឆែវ
バンチャェウ
Cambodian pancake

サフランをまぜて作った下地をクレープのように焼き、ひき肉やモヤシなどを包んだもの。甘いソースで食べる。

タイスキ
ស៊ុបបែបថៃ
スープバェップタイ
hot pot Thai style

カンボジア人に大人気のタイ風タイスキ。カンボジアならではの野菜をたっぷり食べられる。

味付け牛肉のサテー
សាច់គោក្រឿងដោតឈ្មាត់
サイッコークルーン ダォットチョンカッ(ク)
Beef skewer & lemongrass

味付けした牛肉を炭火で焼いたもの。細かく砕いたナッツの入ったタレで食べる。

牛肉のプラホックソース
សាច់គោអាំងទឹកប្រហុក
サイッコーアン トゥックプラホック
beef with prahok sauce

牛肉をグリルして、プラホックと呼ばれる発酵魚を使ったソースをかけて食べる。

牛肉の香辛料炒め
អាក្រឿងសាច់គោ
チャークルーン サイッ コー
fried beef with spice

牛肉とピーマンを香辛料とトウガラシで炒めた料理。見た目よりも辛くなく、深い味わい。

🚚 **ひとくちコラム**

カンボジアの外食事情
外食というと、家族みんなでファミレスへ行くといったイメージがあるが、カンボジアでの外食は、朝食が一般的。それも、お父さんなら会社の近く、子供たちは学校の近く、お母さんは買物に行った市場で、というように一家バラバラで食事をする。しかし、近年ではタイスキブームが到来し、家族で楽しめるファミレス風チェーン店などが展開するなど、食文化にも変化が起きている。また、週末や記念日などの夕食は、そろって外食を楽しむ家族も増えてきている。

●スープ・チュナンダイの食べ方 សុប឵ឆ្នាំងដី スー（プ）チュナンダイ Soup Chhnang Dei

地元料理で定番の「スープ・チュナンダイ」。チュナンは「鍋」ダイは「土」のことで、「土鍋スープ」という意味。専門店で食べられることが多い。東南アジア旅行中は、衛生面から生野菜をなかなか食べられないものだが、この料理ならしっかり火を通して食べられるので、野菜不足を感じた際にはおすすめ。

ステップ1 火にかけた鍋には、スープがたっぷり。野菜や肉、キノコなどの具を入れてフタをする。

ステップ2 沸騰したらフタを開け、好きな具を皿にとってお好みでタレをつけて食べる。

ステップ3 具材が足りなくなったら、好きなだけ追加。スープも頼めば足してもらえる。

いろいろな具材
ក្រឿងផ្សំផ្សេងៗ
クルーンプソムプセーンプセーン
various ingredients

揚げニンニク ខ្ទឹមបំពង クトゥムボンポーン fried garlic

太麺 គុយទាវសសៃធំ クイティゥソーサイトム thick noodle

細麺 គុយទាវសសៃតូច クイティゥソーサイトーイ thin noodle

空芯菜 ត្រកួន トロクーン morning glory

香草 ជី チー coriandar

フクロ茸 ផ្សិតចំបើង プサッ(ト)チョンバウン paddy straw mushroom

湯葉 ពពះសណ្តែក ポポッソンダェッ(ク) the skin of soybean milk

牛肉と生卵 សាច់គោពងមាន់ サイッコーポーンモァン beef & egg

ごはん បាយ バーイ rice

豆腐 តៅហ៊ូ タウフー tofu

スープ ស៊ុប スップ soup

タレ ទឹកជ្រលក់ トゥックチュロロック sauce

---

column | スープ・チュナンダイの会計方法

日本の回転寿司のように皿によって値段が決まっているのが一般的。食後、会計を頼むと、手をつけていない皿や未開封の缶ジュースなどがさっと回収され、次に、会計担当の店員さんが出てきて皿の数を数えて会計をしてくれる。

屋台料理

ហាងបាយ
ハーンバーイ
food stands

○○を一皿ください
សូមដាក់○○មួយចាន
ソームダッ（ク）　○○ムォーイチャーン
Can I have a dish of ○○?

内臓肉は入れないでください
សូមកុំដាក់គ្រឿងក្នុង
ソームコムダッ（ク）　クルーンクノン
Please do not put guts.

朝食
អាហារពេលព្រឹក　アハーブルック
breakfast

朝食は家でとらず、外食で済ますのがカンボジア流。職場や学校の近くの屋台でさっと食べるのが人々の習慣となっている。

クイティウ
គុយទាវ
クイティウ
Cambodian noodle

朝食の定番。麺はライスヌードルで、豚、牛、鶏肉、海鮮が選べる。

スープなしクイティウ
គុយទាវកោក
クイティウコー（ク）
noodle without soup

スープのないクイティウ。スルスルっとお腹に入り、食べやすい。

牛肉団子入りクイティウ
គុយទាវប្រហិតសាច់គោ
クイティウブラハッ（ト）　サイッコー
noodle with beef balls

牛肉と牛肉団子が入ったクイティウ。肉団子の歯応えがいい。

油炒め豚肉のせごはん
បាយសាច់ជ្រូកចៀន
バーイサイッチュルークチャン
rice with fried pork

ご飯の上に油で炒めた味付け豚肉をのせた朝の定番メニュー。

焼き豚肉のせごはん
បាយសាច់ជ្រូកអាំង
バーイサイッチュルークアーン
rice with grilled pork

炭焼きの味付け豚肉をのせたご飯。油を使っていないのでヘルシー。

鶏肉のせごはん
បាយសាច់មាន់
バーイサイッモァン
rice with chicken

味付け鶏肉をごはんの上にのせたもの。地鶏の風味が食欲をそそる。

お粥
បបរ
ボボー
rice porridge

朝の定番メニューのひとつ。魚、鶏肉、豚肉などの具を選べる。

豚骨スープ
ស៊ុបឆ្អឹងជ្រូក
スップチュアンチュルーク
pig's boon soup

しっかり煮込んだ豚の骨が入ったスープ。意外にもあっさり味。

バゲットサンドイッチ
នំបុ័ងប៉ាតេ
ノンパンパテー
bucket sandwich

カリカリのフランスパンにパテーや野菜を挟んだサンドイッチ。

軽食

ចំណីចំណុក　チョムネイチョムノック
snacks

間食好きのカンボジア人。小腹が空いたら近くの屋台に駆け込む人も多く、軽く食べられるメニューが豊富。

焼きそば
មីឆា
ミーチャー
fried noodle

豚、牛、シーフードなどから具を選べる。麺は黄色い中華麺と、袋ラーメンがある。

焼きうどん
គុយទាវសរសៃធំឆា
クイティウソーサイトムチャー
fried thick noodle

きしめんのようなライスヌードルをさっと醤油で炒めたもの。具も豚、牛、シーフードが選べる。

お焼き
នំគ្គាយ
ノムクーチャーイ
fried round flour cake

市場や屋台で買える、カンボジア版スナックの定番。チリソースをかけて食べるとおいしい。

茹でアヒルの卵
ពងទាកូន
ポーンティアコーン
boiled duck egg

孵化しかけの状態で茹でたアヒルの卵。殻の上を少し割って、塩コショウ、ライムを入れる。

ココナッツミルクソースかけヌードル
នំបញ្ចុក
ノムバンチョック
noodle with coconut milk

白い麺にキュウリやモヤシ、香草などをたっぷり入れて、ココナッツミルクをかけて食べる。

豚ミートボール焼き
ប្រហិតជ្រូកចៀន
プラハットチュルー(ク)チャン
fried big meatball

豚肉のつくねを油でさっと揚げたもの。アツアツのうちに食べるのが美味しい。おやつに最適。

茹でトウモロコシ
ពោតចំហុយ
ポートチョムホイ
steamed corn

茹でたトウモロコシ。日本のような甘さがないので、ちょっと辛い漬物と一緒に食べる。

バナナの天ぷら
ចេកចៀន
チェー(ク)チャン
banana tempura

バナナを油でしっかり揚げたもの。サクッとした衣に、しっとりしたバナナが絶妙なバランス。

---

column | 「ごはん食べた？」はあいさつかわり

通りすがりに「ニャンバーイハォイヌー？」と声をかけあうカンボジア人。これは、直訳すると「ごはん食べた？」ということ。本当にご飯を食べたかどうかを確認する意味もあるが、これは親しい間柄の人とのちょっとしたあいさつだ。ご飯を食べることは元気の源。気にかけている相手がちゃんと食事をしたのかどうかを確認するという、カンボジア人の人情が込められた言葉なのだ。もしこんな風に声をかけられたら、「ニャムハォイ！（もう食べたよ！）」と返そう。ときには軽いスナックを出してくれたりするかもしれない。

調理方法と味付け

ការចំអិន និងរសជាតិ
カーチョ(ム) アン ヌンルッチァッ(ト)
Cooking and Flavoring

焼き加減はいかがなさいますか?
តើអ្នកចង់បានសាច់ចំអិនយ៉ាងម៉េច?
タウネァッ(ク) チョンバーンサイッ チョ(ム) アンヤーンマイッ
How would you like your meat cooked?

レア
ឆៅ
チャウ
rare

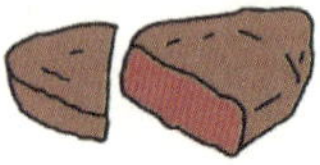

ミディアム
ល្មម
ロモーム
medium

ウエルダン
ឆ្អិន
チュアン
well-done

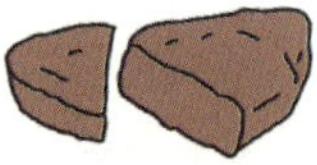

炭火焼き
អាំងលើឈើ
アーンルートゥチューン
charbroiled

鉄板焼き
អាំងលើឆ្នាំងភ្លើង
アーンルーチュナンプルーン
grilled on a hot plate

網焼き
អាំង
アーン
grilled

どんな調理法がおすすめですか?
តើអ្នកផ្តល់យោបល់ចំអិនយ៉ាងម៉េច?
タウネァッ(ク) チョンアオイケー チョ(ム) アンヤーンマイッ
How would you recommend to cook this?

ゆでた
ស្ងោរ
スガォ
boiled

揚げた
បំពង
ボンポーン
deep fried

蒸した
ចំហុយ
チョムホイ
steamed

煮込んだ
រំងាស់
ロムガッ
stewed

炒めた
ឆា
チャー
stir-fried

燻製にした
ផ្សែរ
チュアゥ
smoked

ソテーした
ចៀន
チェン
sauteed

詰め物にした
ញាត់សាច់
ニャッ(ト) サイッ
stuffed

油で煮た
រំងាស់ក្នុងខ្លាញ់
ロムガッティチャクノンクラ(ニュ)
simmered in oil

スパイスを効かせた
ដាក់គ្រឿង
ダックルーン
spiced

酢に漬け込んだ
ជ្រក់
チュロッ(ク)
pickled in vinegar

料理の味はいかがですか？
តើរសជាតិយ៉ាងម៉េចដែរ?
タゥルッチァッ(ト)　ヤーンマイッダェ
How do you like the food?

とてもおいしいです
ឆ្ងាញ់
チュガ(ニュ)
It's delicious.

口に合いません
ខ្ញុំមិនចូលចិត្តរសជាតិនេះទេ
クニョ(ム)　マンチョー(ル)　チェッ(ト)　ルッチァッ(ト)　ニッテー
Sorry, it's not to my taste.

甘い ផ្អែម パァエ(ム) sweet	辛い ហឹរ ハ(ル) spicy	しょっぱい ប្រៃ プライ salty
苦い ជូរចត់ ロヴィン bitter	すっぱい ជូរ チュゥー sour	（味が）濃い ខ្លាំង クラン strong (taste)
（味が）うすい ស្រាល スルー(ル) light (taste)	硬い រឹង ルン hard	やわらかい ទន់ トン soft

塩を取ってください
សូមជួយហុច អំបិលឱ្យខ្ញុំបន្តិច
ソームチューイホイッオンバ(ル)　アォイクニョ(ム)　ボンテイッ
Could you pass me salt?

砂糖を少なめにしてください
សូមកុំដាក់ ស្ករច្រើនពេក
ソームコムダッスコー　チュラゥンペー(ク)
Please do not put too much sugar.

ひとくちコラム
調味料がキメ手！
カンボジア料理は甘酸っぱいのが特徴で、いろんな香辛料、調味料が使われる。レモングラスやタマリンド、そしてなんとトマトやパイナップルなどを使って「甘酸っぱい」味を作っていく。タイやベトナムと比べれば、料理自体が薄味なので、日本人にも食べやすい。日中に南国の日差しの下で動くとけだるい疲れを感じるが、そんな時にこの甘酸っぱいスープを飲むと、自然に力がわいてくる。

塩 អំបិល オンバ(ル) salt	砂糖 ស្ករ スコー sugar	コショウ ម្រេច マレイッ pepper
ニンニク ខ្ទឹមស クトゥ(ム)　ソー Garlic	プラホック ប្រហុក プロホック PROHOK	魚醤 ទឹកត្រី トゥッ(ク)　トレィ Fish Sauce

食材を選ぼう

ការជ្រើសរើសគ្រឿងផ្សំ
カーチュルルッ クルーンプソ(ム)
Choosing ingredients

空芯菜を100グラムください
ខ្ញុំចង់បាន ត្រកួន១០០ក្រាម
クニョ(ム) チョンバーン トロクゥーンムオイローイクラー(ム)
I'd like 100g of morning glory, please.

新鮮なものがいいです
ខ្ញុំចង់បានអាថ្មីជាងគេ
クニョ(ム) チョンバーン アートマイチャンケー
I'd like the most fresh one.

長インゲン
សណ្ដែកបារាំង
ソンダェッ(ク) バーラーン
kidney bean (French bean)

トマト
ប៉េងប៉ោះ
ペーンポッ
tomato

ダイコン
ឆៃថាវ
チャイタウ
Japanese radish

ナス
ត្រប់
トロッ(プ)
egg plant

トウモロコシ
ពោត
ポー(ト)
corn

カボチャ
ល្ពៅ
ラパウ
pumpkin

タロイモ
ត្រាវ
トラウ
taro (cocoyam)

トロクーン（空芯菜）
ត្រកួន
トロクーン
morning glory

ジャガイモ
ដំឡូងបារាំង
ドムロンバーラーン
potato

ニンジン
ការ៉ុត
カロッ(ト)
carrot

ひとくちコラム
カンボジア生まれのカボチャ
昔々、カンボジアの商人が日本でカボチャを売ろうとしたときに、日本人から「これは何だ?」と聞かれて「私はカンボジア人だ」と答えてしまい、日本人がそれを「カボチャだ」といったのだと思い込んだことから、カボチャと呼ぶようになったといわれている。日本のものより大ぶりで、味も大雑把。でも、甘味をつけてたカボチャプリンは、とてもおいしい。

使える！ワードバンク　フルーツ編

ドリアン	ធូរេន	トゥレン
マンゴー	ស្វាយ	スヴァーイ
マンゴスチン	មង្ឃុត	モコッ(ト)
ミルクフルーツ	ផ្លែទឹកដោះគោ	プラェトゥッ(ク) ドッコー
ランブータン	សាវម៉ាវ	サウマウ
シュガーアップル	ទៀប	ティアッ(プ)
ドラゴンフルーツ	ស្រកានាគ	スロカーニァッ(ク)

肉類	鶏肉	豚肉	牛肉
សាច់	សាច់មាន់	សាច់ជ្រូក	សាច់គោ
サイッ	サイッモアン	サイッチュルー(ク)	サイッコー
meat	chicken	pork	beef

ハト	スズメ	ワニ	ヘビ
លលក	ចាប	ក្រពើ	ពស់
ロロ―(ク)	チャ―(プ)	クロバゥ	ポッ
dove	sparrow	crocodile	snake

チーズ
ឈីស
チッ(ス)
cheese

ヨーグルト
ទឹកដោះគោជូរ
トゥッ(ク) ドッコーヌュリー
yoghurt

牛乳
ទឹកដោះគោ
トゥッ(ク) ドッコー
milk

魚介類
គ្រឿងសមុទ្រ
クルーンサモッ(ト)
see food

カニ
ក្ដាម
クダー(ム)
crab

エビ
បង្គា
ボンキァ
shrimp

シャコ
បង្កងបំពាក់
ボンコンパッ
giant clam

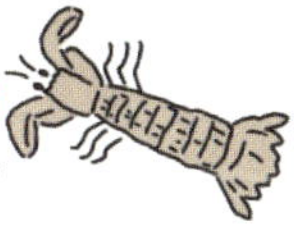

貝
ខារ
ギゥ
shell

ナマズ ★
ត្រីអណ្ដែង
トレィオンデェン
catfish

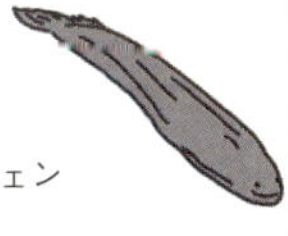

column | 香草の種類

カンボジア料理にはたくさんの香草が使われる。香草が入っていないとも足りないと思ってしまうほど、まさに日常的な食べ物。主要なものは7種類ほど。いずれも市場で簡単に手に入る。

スラックレイ
ស្លឹកគ្រៃ
スルッ(ク) クレイ
Sloeuk Krey
レモングラスのこと。スープに入れて香りを引きたたせる。

チー・バーラン
ជីរបារាំងស្ងួយ
チーバーラン
Chi Barrang
スープ料理に使われる香草。魚の臭みを消して、香りを出す。

トロックン
ស្លឹកបាស់
スルッ(ク) バッ
Sloek Bas
香草というより青菜で、日常的に家庭料理で使われる。

チー・オンカーム
ជីរអង្គាម
チーオンカーム
Chi Angkam
バジル。サラダ、肉料理などの各種料理に使用される。

マッデン
ម្ទេស
マデン
MADENG
日本で言うナンキョウのこと。すりつぶして炒め物などに使う。

チー・チャアーム
ជីរឆ្អាម
チーチュアーム
Chi Chha-Am
ドクダミ。サラダなどの料理に使われる。健康にいい。

チー・ニェンヴォン
ជីរនាងវង
チー二ェンヴォン
Chi Neang Vong
甘酸っぱい香りのする香草。酸味のあるスープに使うことが多い。

★カンボジアの男性の間では、精力のつくナマズ料理が人気。特に、煮物にして食べるのが好まれる。一方、女性には不人気。あの姿を見ると怖くて食べられないのだとか

買おう

通貨はリエルとドル。2種をうまく遣いこなし、値段交渉ができるようになればあなたもショッピングの達人に！

市場のなんでもありな感じが大好きです。

こういうところでは値段交渉なども面白いです。

タライポンマーン？
いくら？

6ドラー
電卓を使うのでわかりやすい

カンボジアの通貨は「リエル」ですが「ドル」も日常に浸透しています。

でもドルだと細かいおつりがリエルで戻されるので注意。

「5つ買うからこれくらいにしてよー」「いや！これくらい」

← というやりとりが楽しいわけです！

「買った！」

失敗もするもっと安い店をあとで見つけたり…

今回の買物はコレ

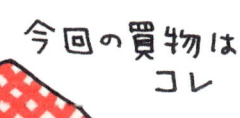

[クロマー]

いろんな色柄を買ってきました。

クロマーの使い方

頭に巻いたり　　首にかけたり　　かぶったり

作業時　　タオルかわり　　日除け

コットンマフラーとして

腰に結んだり
←中に財布などをくるんでいる

「便利そうでしょう」

はじめよう／歩こう／食べよう／**買おう**／極めよう／伝えよう／日本の紹介

お店を探そう

ស្វែងរកហាង
スヴァェン(グ) ロー(ク) ハーン
Finding a shop

○○を探しています。どこで買えますか？

ខ្ញុំកំពុងរក○○។ តើខ្ញុំអាចរកទិញវាបាននៅកន្លែងណា？
クニョ(ム) コンポンロー(ク) ○○。
タゥロー(ク) ティンヴィアバーン ヌーコンラェンナー
I'm looking for a ○○. Where can I buy one?

シルク製品
ផលិតផលសូត្រ
ポラトポルソー(ト)
silk products

衣類
សំលៀកបំពាក់
ソムリャッ(ク) ボンペアッ(ク)
clothing

下着
ខោអាវទ្រនាប់
カオアウトロノァッ(プ)
underwear

カバン
កាតាប
カーター(プ)
bag

靴
ស្បែកជើង
スバェッ(ク) チューン
shoes

電池
ថ្ម
トモー
battery

工芸品
ផលិតផលសិប្បកម្ម
ポラトポルサバカ(ム)
craft products

絵画
គំនូរ
コムヌォー
painting

本
សៀវភៅ
シウパウ
book

それならあの店にあります
វាមានលក់នៅហាងនោះ
ヴィアミェンロッ(ク) ヌーハーンヌッ
It is sold at that shop.

ありがとう
អរគុណ
オークン
Thanks

美容院
ហាងកែសម្ផស្ស
ハーンカェソ(ム) ポッ
beauty salon

本屋さん
បណ្ណាគារ
ボンナーキャ
bookstore

ショッピングセンター
ផ្សារទំនើប
プサートムヌー(プ)
shopping mall

市場
ផ្សារ
プサー
market

行き方を教えてください
សូមណែនាំវិធីសំរាប់ទៅទីនោះ
ソームナェノァムヴィッティーソムラッ(プ) タウティーヌッ
How do I get there?

このTシャツを見せてください
ខ្ញុំសុំមើលអាវនេះបន្តិច
クニョ(ム) ソームムー(ル) アゥニッボンテイッ
Please show me this T-shirt.

商品
ទំនិញ
トムニン
goods

いくらですか？
តើនេះថ្លៃប៉ុន្មាន?
タウニッ トライポンマン
How much is this?

日本円は使えますか？
តើគេយាយ លុយយេនជប៉ុនទេ?
タッケ チャーイ ロイイェーンチョーボンテー
Can I use Japanese Yen?

これをください
ខ្ញុំយកមួយនេះ
クニョ(ム) ヨー(ク) ムォーイニッ
I'll take this, please.

包んでください
សូមខ្ចប់មួយនេះមក
ソームクチョッ(プ) ムォーイニッモー(ク)
Please wrap this.

開けてみてもいいですか？
តើខ្ញុំអាចបើកមើលឥឡូវបានទេ?
タゥクニョ(ム) アーイ バゥッ(ク) ムー(ル) エイラゥ バーンテー
Can I open now?

両替所はどこですか？
តើហាងប្ដូរលុយនៅទីណា?
タゥハーンドーロイ ヌーティーナー
Where is the exchange store?

ひとくちコラム
米ドル紙幣も使える
カンボジアの通貨はリエル。でも、カンボジア旅行準備の際には円をドルに換えておこう。戦後の混乱により、リエルの信用がなくなった名残で、ドル紙幣が流通しているからだ。ホテルやショッピングセンターはもとより、市場や街角の小売店でも、ドルが使える。1ドル以下のおつりは現地通貨リエルで返ってくる。また、タイ国境地域ではタイバーツ、ベトナム国境地域ではベトナムドンも使える。

スーパーマーケット
ផ្សារទំនើប
プサートムヌー(プ)
supermarket

レストラン
ភោជនីយដ្ឋាន
ポーチニーヤターン
restaurant

薬局
ឱសថស្ថាន
アゥソッ(ト) ターン
pharmacy

仕立て屋さん
ហាងកាត់ខោអាវ
ハーンカッ(ト) カオアゥ
tailor

好きな色、柄、素材を探そう

ស្វែងរកពណ៌ ក្បូរ និងសំភារៈដែលអ្នកចូលចិត្ត
スヴェンロッ(ク) ポア コムルー ヌンソン
ペアレア ダェルネアッ(ク)チョー(ル)チェッ(ト)
Finding colors, patterns & materials you like

○○色のものはありますか？
តើមានរបស់នេះដែលមានពណ៌ ○○ ទេ?
タウ ミェンロボッニッ ダェルミェンポア○○テー
Do you have this in ○○?

いいえ
ទេ។ សូមទោស គ្មានទេ
テー、ソームトッ クミェンテー
No. Sorry, we don't.

はい
មាន
ミェン
Yes.

ほかの○○を見せてください
សុំមើល○○ផ្សេងទៀតបានទេ?
ソムムー(ル) ○○プセーンティアッ(ト) バーンテー
Can I see another ○○?

品切れです
សូមទោស លក់អស់ហើយ
ソームトッ ロッオッハオイ
Sorry, it's sold out.

サイズ	色	柄／模様	素材
ទំហំ	ពណ៌	ក្បូរ	សំភារៈ
トムホム	ポア	コムルー	ソンペアレア
size	color	pattern	material

明るい色	暗い色	派手な色	パステルカラー
ពណ៌ភ្លឺ	ពណ៌ស្រអាប់	ពណ៌ដើតគាយ	ពណ៌ព្រឿងៗ
ポアプルー	ポアスロアッ(プ)	ポアチャウッ(ト) チャーイ	ポアプルーンプルーン
bright color	dark color	flashy color	pastel color

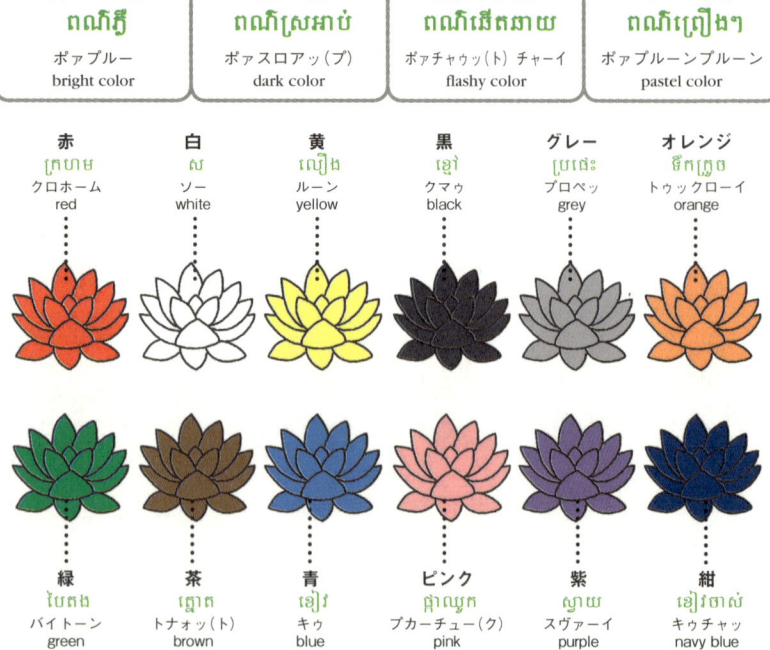

赤	白	黄	黒	グレー	オレンジ
ក្រហម	ស	លឿន	ខ្មៅ	ប្រផេះ	ទឹកក្រូច
クロホーム	ソー	ルーン	クマウ	プロペッ	トゥックローイ
red	white	yellow	black	grey	orange

緑	茶	青	ピンク	紫	紺
បៃតង	ត្នោត	ខៀវ	ផ្កាឈូក	ស្វាយ	ខៀវចាស់
バイトーン	トナオッ(ト)	キウ	プカーチュー(ク)	スヴァーイ	キウチャッ
green	brown	blue	pink	purple	navy blue

これは何でできていますか？
តើវាធ្វើពីអ្វី?
タウヴィア トゥヴーピー アヴァイ
What's this made from?

綿です
ធ្វើពីកប្បាស
トゥヴーピー カッパッ
It's cotton.

シルクでできたものはありますか？
តើមានរបស់ធ្វើពីសូត្រទេ?
タウミエンロボッ トゥヴーピーソー（ト） テー
Do you have anything in silk?

麻 លីនីន
リーニン
linen

ウール រោមចៀម
ロームサッ（ト）
wool

アンゴラ រោមអង្ហោរ៉ា
ロームオンゴラー
angora wool

カシミア អំបោះសូត្រ
オンボッソー（ト）
cashmere

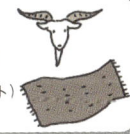

ナイロン នីឡុង
ニーロン
nyron

ポリエステル ប៉ូលីសាឡែន
ポリサラェン
polyester

化学繊維 អំបោះគីមី
オンボッキーミー
chemical fiber

デニム សាច់អំបោះវីង
サイッオンボッ ルン
denim

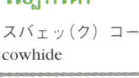

牛革 ស្បែកគោ
スバェッ（ク） コー
cowhide

合成皮革 ស្បែកសិង្ហសេទិក
スバェッ（ク） サンレテッ（ク）
synthetic leather

無地 ហាប់
ハッ（ブ）
solid

縦縞／ストライプ ឆ្នូត
チュヌー（ト）
striped

横縞／ボーダー ឆ្នូតផ្ដេក
チュヌー（ト） プデー（ク）
horizontal stripe

花柄 មានផ្កា
ミェンブカー
flowered

チェック ក្រឡា
クロラー
checked

水玉 ពងដំបូក
ポーンチンチョッ（ク）
dotted

格子柄 បញ្ជិត
バンチッ（ト）
lattice

ペイズリー ខ្មែរពោង
クサェカォン
paisley

古典柄 គំរូបុរាណ
コムルーボーラン
traditional pattern

刺繍 បាក់ ឌឹន
パッ（ク） デン
embroidered

ひとくちコラム
カンボジアシルクについて
シルクの機織りは伝統工芸のひとつ。かすり柄、シックな色合いは日本人好み。染色や機織りの技術は祖母から母へ、母から娘へと受け継がれる女の仕事だ。カンボジアの町や市場では数百円程度の商品も売られているが、その8割以上が科学繊維や科学染料で作られているハトナム（ベトナム）産だといわれている。本物のカンボジアシルクはその肌触りがまったく違うので、専門のショップで購入することをすすめる。

欲しいサイズ、アイテムを伝えよう

ប្រាប់ទំហំ និងរបស់ដែលអ្នកចង់បាន
ブラッ(ブ) トムホム ヌンロボッ
ダェルネァッ(ク) チョンバーン
Requesting size & items you like

試着してみていいですか？
តើខ្ញុំអាចសាកសម្លៀកបំពាក់បានទេ?
タウクニョ(ム) アーイサー(ク) ムオーイニッ バーンテー
Can I try this one?

はい、もちろんです
បាន អញ្ចឹង
バーン アンチューン
Yes, of course.

ピッタリです
វាល្មមខ្ញុំតែម្ដង
ヴィァロモームクニョ(ム) タェメドーン
It's fine for me.

もっと○○なものはありますか？
តើមាន○○ជាងនេះ ដែរទេ?
タウミェン ○○チャンニッ ダェルーテー
Do you have anything ○○er?

| 大きい ធំ トム big | 小さい តូច トーィ small | 長い វែង ヴェーン long | 短い ខ្លី クレィ short |
| ゆるい រលុង ロロン loose | きつい ចង្អៀត チョンイェッ(ト) tight | 長袖 ដៃវែង ダイヴェーン long sleeve | 半袖 ដៃខ្លី ダイクレィ short sleeve |

野球帽 មួក ムオック cap

Tシャツ អាវយឺត アウユーッ(ト) T-shirt

ジーンズ ខោខូវប៊ោយ カオクゥボーイ jeans

スニーカー ស្បែកជើងកីឡា スバェッ(ク)チューン ケイラー trainers

シャツ អាវ アゥ shirt

ネクタイ ក្រវ៉ាត់ក クロヴァッ(ト) コー tie

ベルト ខ្សែក្រវ៉ាត់ クサェクロヴァッ(ト) belt

革靴 ស្បែកជើងស្បែក スバェッ(ク)チューン スバェッ(ク) leather shoes

パンツ／ズボン ខោ カォ pants

★カンボジアのメンズ商品のサイズは欧米規格。靴は8.5＝26cm程度。服はS、M、L、LLの表示が一般的

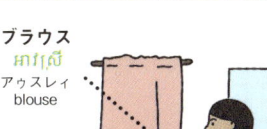

日本語	クメール語	発音	英語
ブレザー	អាវធំ	アウトム	blazer (coat)
ジャージ（上下）	ខោអាវកីឡាមួយកំប្លេ	カォアウケイラー ムォーイコンプレー	sweat suit
オーバー	អាវធំវែង	アウトム ヴェーン	overcoat
トレンチコート	អាវភ្លៀង	アゥプリェン	trenchcoat
ジャンパー	អាវធំខ្លី	アウトムクレイ	jacket
ダウンジャケット	អាវធំក្រាស់	アウトムクラッ	down jacket
靴下	ស្រោមជើង	スラォ(ム) チューン	socks
ストッキング	ស្រោមថា	スラォ(ム) バー	stockings

使える！ワードバンク　スタイル編

袖なし	អត់ដៃ	オッ(ト) ダイ
襟なし	អត់ក (អា)	オッ(ト) コー
丸首	កមូល	コームー(ル)
Vネック	កអាវរាងអក្សរវី	コーアウ リアンアッソーヴィー
タートルネック	អាវយឺតពន្លាត់ក	アゥユッ(ト) ポンラッ(ト) コー
ボタン	ឡេវ	レウ
ファスナー	រូ	ルー(ト)
ポケット	ហោប៉ៅ	ハオパウ

使える！ワードバンク　アイテム編

財布	កាបូបលុយ	カボー(ブ) ロイ
ハンドバッグ	កាបូបដៃ	カボー(ブ) ダイ
リュック	កាបូបស្ពាយ	カボー(ブ) スピェイ
スカーフ	ក្រមាបបក	クロマー ボンコー
マフラー	កន្សែងរុំក	コンサェン ロ(ム) コー
手袋	ស្រោមដៃ	スラォムダイ
帽子	មួក	ムオッ(ク)
傘	ឆ័ត្រ	チャッ(ト)
日傘	ឆ័ត្រ បាំងថ្ងៃ	チャッ(ト) バントガイ
パジャマ	អាវគេងយប់	アウケーンヨッ(ブ)
下着	ខោអាវទ្រនាប់	カォアウ トロノァッ(ブ)

ひとくちコラム
安さを求めるなら市場へ！
より安く、よりいいものが求められるファッション業界。ここカンボジアでは、日本では考えられないほど安く衣類が手に入る。10ドルほど持って市場に入れば、サンダル、パンツ、タンクトップくらいは軽く買えてしまう。

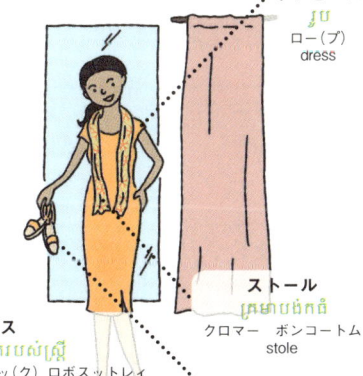

ブラウス អាវស្រី アウスレィ blouse

カーディガン អាវចាក់ アゥチャッ(ク) cardigan

スカート សំពត់ ソムポッ(ト) skirt

パンプス ស្បែកជើងសិរោបស់ស្រី スバェ(ク) チューン ソッ(ク) ロボッストレイ pumps

ハイヒール ស្បែកជើងកែងចោត スバェ(ク) チューン カェンチャォッ(ト) high heels

ワンピース រូប ロー(ブ) dress

ストール ក្រមាបបកទំ クロマー ボンコートム stole

サンダル ស្បែកជើងសង្រែក スバェ(ク) チューン ソングレー(ク) sandals

★カンボジアのレディス商品のサイズは欧米規格。靴は3＝23cm程度。服はS、M、L、LLの表示が一般的

化粧品、アクセサリー、日用品を買おう

ទិញគ្រឿងសំអាង គ្រឿងអលង្ការ និងសំភារៈប្រចាំថ្ងៃ
ティンクルーンソムアーン クルーン
アランカー ヌンソンペャラァブロチャムトガイ
Buying cosmetics, accessories & daily necessities

カンボジアブランドのものはありますか？
តើមានទំនិញកម្ពុជាទេ?
タウミエン　トムニンカンブチャテー
Do you have something of Cambodian brand?

別々に包んでください
សូមខ្ចប់វាផ្សេងគ្នា
ソームクチョッ（ブ）　ヴィア　プセーンクニァ
Please wrap them separately.

ひとくちコラム
カンボジアブランドを手に入れよう
これまであまり「カンボジア産」のみやげがなかったが、最近では国内で加工がされるようになってきた。しっかり産地を確かめて買い物をしよう。

香水 ទឹកអប់ トゥッ（ク）オッ（プ） perfume	オーデコロン ទឹកអប់ トゥッ（ク）オッ（プ） eau de cologne

デオドラント ថ្នាំបំបាត់ក្លិន トナ（ム）ボンパッ（ト）クルン deodorant	化粧水 ឡេឡាបស្បែក レーリャッ（プ）スバェッ（ク） lotion	クレンジングクリーム ក្រែមលាងសំអាត クレム　リャンソムアー（ト） cleansing cream

ファンデーション ក្រែមទ្រនាប់ クレム　トロノァップ foundation	口紅 ក្រែមលាបបបូរមាត់ クレムリャッ（プ）ボボーモァッ（ト） lipstick	リップクリーム ឡេឡាបបបូរមាត់ レーリャッ（プ）ボボーモァッ（ト） lip cream

マニキュア ទឹកលាបក្រចក トゥッ（ク）リャッ（プ）クロチョッ（ク） manicure	アイシャドウ គូលីដាក់ត្របកភ្នែក クーラァパッ（ト）トロボッ（ク）プネー（ク） eye shadow	マスカラ ម៉ាស្ការ៉ា マスカラー mascara

シャンプー សាប៊ូកក់សក់ サブー　コッソッ（ク） shampoo	トリートメント ក្រែមបន្ថែន クレムボントン treatment	石鹸 សាប៊ូដុំ サブードム soap bar

日焼け止めクリーム ក្រែមការពារកំដៅថ្ងៃ クレムカーピァ　コ（ム）ダゥトガイ sunblock cream	美容液 ក្រែមទ្រនាប់ クレムトロノァッ（プ） essence, liquid foundation	ボディクリーム ឡេឡាបខ្លួន レーリャッ（プ）クルーン body cream

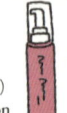

歯ブラシ ច្រាសដុសធ្មេញ チュラッ　ドットメン tooth brush	歯磨き粉 ថ្នាំដុសធ្មេញ トナム　ドットメン tooth paste	コットン សំឡី ソムライ cotton

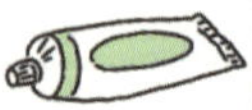

イヤリング
ក្រវិល
クロヴァル
earings

ブレスレット
ខ្សែដៃ
クサェダイ
bracelet

ネックレス
ខ្សែក
クサェコー
necklace

ブローチ
កន្ទាស់អាវ
コンラッアウ
broach

指輪
ចិញ្ចៀន
チュンチァン
ring

髪留め
ឈ្នាប់សក់
ドンキャッ(プ)ソッ(ク)
hair accessory

時計
នាឡិកា
ニァレッカー
watch

サングラス
វ៉ែនតាការពារកំដៅថ្ងៃ
ヴァェン・ター カーピァ コムダウトガイ
sunglasses

ペン
ប៊ិច
バイッ
pen

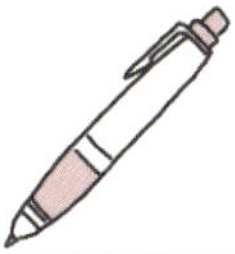

封筒
ស្រោមសំបុត្រ
スラオムソンボッ(ト)
envelop

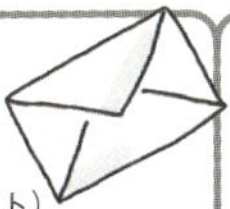

便箋
ក្រដាស
クロダッ
letter pad

ノート
សៀវភៅសរសេរ
シゥパウ ソーセー
notebook

はさみ
កន្ត្រៃ
コントライ
scissors

のり
កាវ
カウ
glue

ボールペン
ប៊ិចសរសេរ
バイッソーセー
ballpoint pen

ハガキ
កាប៉ូស្តាល់
カーボスタル
postcard

切手
តែម
タェん
stamp (for mail)

ティッシュペーパー
ក្រដាសជូតមាត់
クロダッ チュー(ト) モァッ(ト)
tissue

新聞
កាសែត
カーサェッ(ト)
newspaper

雑誌
ទស្សនាវដ្ដី
トサナヴディ
magazine

使える！ワードバンク 〈電化製品編〉

携帯電話	ទូរស័ព្ទដៃ	トゥー(ル) サッ(プ) ダイ
デジカメ	កាមេរ៉ាឌីជីថល	カメラー ディジトル
使い捨てカメラ	កាមេរ៉ាតែមួយពេល	カメラー トー ッ(ト) マドーン ボッチャオル
電池	ថ្ម	トモー
フィルム	ហ្វីល	フィルム
充電器	ឆ្នាំងសាកថ្ម	チュナンサー(ク) トモー
変圧器	គ្រឿងបន្ថយចរន្ត	クルーンボンラッチャロン
パソコン	កុំព្យូទ័រ	コンピュートァー
ヘッドフォン	កាសស្ដាប់នៅក្រៀក	カッスダッ(プ) ヌートロチァッ
CD/DVD	ស៊ីឌី/ឌីវីឌី	シーディー/ディーヴィーディー
メモリーカード	កាតមេម៉ូរី	カー(ト) メモリ

★近年に外国から入ってきたコンピューター周辺の電子機器や部品などは、英単語で伝えた方が通じることが多い。

市場へ行こう

កោះទៅផ្សារ
トッタウプサー
Let's go to a market

香辛料はどの市場にありますか？
តើផ្សារណាខ្ញុំអាចរកទិញគ្រឿងទេសបាន?
タウプサーナー クニョ(ム) アーイティン クルーンテッパーン
In which market can I have spice?

ここにはありません
វាមិនមានលក់នៅទីនេះទេ
ヴィアマンミェンロッ(ク) ヌーティーニッテー
It is not in here.

オールド・マーケットへ行くといいですよ
យល់ល្អគួរតែទៅផ្សារចាស់ញិញ
ヨー(ル) ロォー クータェタウ プサーチャッヴェン
It is better go to Old Market.

プサー・ルー市場（シェムリアップ）
ផ្សារលើ
プサールー
Phsar Reu Market

プサー・トマイ市場（セントラル・マーケット/プノンペン）★
ផ្សារថ្មី
プサートマイ
Phsar Thmei Market

帽子 មួក ムオッ(ク) hat

布 ក្រណាត់ クロナッ(ト) cloth

生活雑貨 សំភារៈបំាច់ប្រចាំថ្ងៃ ソンペアレァッ チャンパイッブロチャントガイ daily necessaries

たばこ ថ្នាំជក់ トナ(ム) チョッ(ク) tabacco

Tシャツ អាវយឺត アウユッ(ト) T shirt

宝石 គ្រឿងអលង្ការ クルーンアランカー jewel

香辛料 គ្រឿងទេស クルーンテッ spice

米 អង្ករ オンコー rice

缶詰 អាហារកំប៉ុង アーハーコンポン canned goods

★外国人にプノンペンのプサー・トマイ市場のことを言うときは、セントラル・マーケットと伝えた方が相手に伝わりやすい

これ、買いませんか？
តើអ្នកចង់ទិញមួយនេះប្អូ?
タゥネアッ(ク) チョンティンムオーイニッルー
Would you like to buy this?

おまけしてくれる？
តើអ្នកអាចបញ្ចុះថ្លៃខ្លះទេ?
タゥネアッ(ク) アーイチョットライクラッテー
Can you discount?

コショウをください
ខ្ញុំសូមយកម្រេច
クニョ(ム) ソームヨー(ク) マレイッ
I will take the pepper.

おまけするよ！
ខ្ញុំបញ្ចុះថ្លៃ
クニョ(ム) チョットライアオイ
I will discount!

1キロで5ドルです
តំលៃ៥ដុល្លារក្នុងមួយគីឡូ
ドムライプラ(ム)ドラー クノンムオーイキロー
It is 5 dollars for 1kg.

分けてください
សូមខ្ចប់ផ្សេងគ្នា
ソ ムクチョッ(プ) ヴィア プセーンクニア
Please wrap these separately.

もっと安くなりませんか？
តើអ្នកអាចបញ្ចុះថ្លៃថែមទៀតបានទេ?
タゥネアッ(ク) アーイチョットライテェムティアッ(ト) バーンテー
Can you discount more?

ひとくちコラム
朝一番に値切っちゃだめ
市場では、朝一番の客は幸運をもたらすと言われ、値段をふっかけない。逆に値切られると一日の幸運が逃げていくと言って、店の人は怒りだす！

これはカンボジア産ですか？
តើនេះជាផលិតនៅប្រទេសកម្ពុជា?
タゥニッ チャポラトポル ヌープロッテーカンプチャルー
Is this made in Cambodia?

ドルだといくらになりますか？
តើនេះថ្លៃប៉ុន្មានគិតជាលុយដុល្លារ?
タゥニッ トライポンマーン クッ(ト) チァロイドラー
How much is this by US dollars?

リエル
រៀល
リェ(ル)
Riel

使える！ワードバンク　市場編

辞書	វចនានុក្រម	ヴァチャナノクロー(ム)
新聞	កាសែត	カーサェッ(ト)
雑誌	ទស្សនាវដ្តី	トサナヴディ
両替所	ហាងប្តូរប្រាក់	ハーンプドープラッ(ク)
出入口	ច្រកចេញចូល	チョロー(ク)チェンチョー(ル)
駐車場	កន្លែងចត	コンレェンチョー(ト)
インテリア	គ្រឿងលំអរក្នុងផ្ទះ	クルーンロムオー クノンプテァッ
飲み物	ភេសជ្ជៈ	ペッサチァ
みやげ	វត្ថុអនុស្សាវរីយ៍	ヴァットゥアヌサヴリー

column | 特産品

全国各地にはそれぞれの特産品がある。たとえば、タケオ州やカンダール州はシルク、バッタンバン州は米やオレンジ、ラタナキリ州は「ラタナキリブルー」と呼ばれる天然石、シアヌークビル市は海の幸…などなど。ぜひその土地のものを手に取ってみたい。ちなみに、シェムリアップ州の特産品は魚を発酵させて作る「プラホック」。お味は「うーん、どうもねぇ」という人も多いけど、せっかくだから一度お試しを。

★市場ではスリやひったくりに気をつけよう。バッグはしっかり体の前に抱えるように持って歩くこと。お金はすぐに出せるようにポケットに一部入れて、財布を開ける動作をなくそう

カンボジア みやげを 買おう

ទិញវត្ថុអនុស្សាវរីយ៍របស់កម្ពុជា
ティン ヴァットッアヌサヴリー ロボッカンプチャ
Buying Cambodian souvenirs

カンボジアらしいみやげを探しています
ខ្ញុំរកមើលវត្ថុអនុស្សាវរីយ៍ពួកណាកម្ពុជា
クニョ(ム) ロームー(ル) ヴァットッアヌサヴリー レカナッカンプチャ
I'm looking for a typical Cambodian sourvenirs.

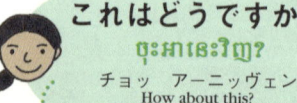

これはどうですか？
ចុះអានេះវិញ?
チョッ アーニッヴェン
How about this?

これ、たくさん欲しいです
ខ្ញុំចង់បាននរបស់នេះច្រើន
クニョ(ム) チョンバーン ロボッニッチュラウン
Yes, I want to get many of this.

ちょっと違うかな
មើលទៅ ខុសបន្តិច
ムールタウー コッボンテイッ
Well, I want to see others.

銀製品
របស់ធ្វើពីប្រាក់
ロボッ トゥヴーピープラッ(ク)
silver goods

カンボジアは銀細工の製品が豊富。銀のお盆、置物、ピアス、ペンダントトップなど、いろいろな物に加工されている。

石の彫刻
ចម្លាក់ធ្វើពីថ្ម
チョムラッ(ク) トゥヴピートモー
engraving (stone sculpture)

手先が器用なカンボジア人は彫刻も上手。大きなものは持ち帰るのが大変なので、買うなら文鎮程度の小物が狙いめ。

木の彫刻
ចម្លាក់ធ្វើពីឈើ
チョムラッ(ク) トゥヴピーチュー
carving (wooden sculpture)

アプサラや仏像の木彫りが特に有名。石の彫刻同様に重さがかさむので、小さめのものを選ぶといいだろう。

シルク製品
របស់ធ្វើពីសូត្រ
ロボッ トゥヴーピーソー(ト)
silk goods

財布やバッグなどの小物、スカーフ、テーブルクロスなど、カンボジア独特の色合いと柄のアイテムが揃う。

木綿の布
របស់ធ្វើពីសរសៃអំបោះ
ロボッ トゥヴーピーソーサイオンボッ
cotton goods

カンボジアでは綿製品はそれほど主流ではないが、クロマーはコットンのものも販売されている。まとめ買いもいい。

漆塗り
ម្រឹក្សណ៍ខុត
マレァックモッ(ク)
lacquered goods

朱色、黒の漆塗り製品が見られる。骨董品のなかには螺鈿（らでん）技法の漆塗りも見つけることができる。

革人形
ពុអងធ្វើពីស្បែក
トゥーオントゥヴーピースバェッ(ク)
leather dolls

スバエック・トムなどの影絵に使われるアイテムだが、額縁に入れて壁に掛けるとちょっとした調度品になる。

拓本
កៅស៊ូចំលង
カウスーチョムローン
rubber copy

アプサラや遺跡レリーフの拓本だと言って売られているが、本物の遺跡を拓本にしたものは少ない。

籐製品
របស់ធ្វើពីផ្តៅ
ロボットゥヴーピープダウ
rattan goods

カンボジアでは籐の家具が作られているが、みやげとしてはお盆など、籐や竹をアレンジしたものを探すといい。

クロマー ក្រមា
クロマー
kromer

●クロマー使い方テクニック
クロマーは綿やシルクでできたスカーフのような一枚布。カンボジアの日常生活のなかでいろいろな使い方がみられる。ここでは代表的な「使い方いろいろ」をウォッチし、テクニックを真似てみよう。

使い方①　首・肩掛け 
首に巻いておけば暑い日をさえぎり汗を拭けるし、肌寒い時は肩掛けや膝掛けに。

使い方②　帽子 
頭に巻いて帽子や日よけとして使うのも一般的。帽子を忘れたときに重宝。

使い方③　腰巻 
男性が水浴びをすると き、家でくつろぐ時に腰に巻く。女性は大判のものを。

使い方④　カバン 
昔は、旅人がお弁当や水筒を入れて肩にかけ歩いていたという。現代で言うカバンといったところ。

使い方⑤　ハンモック 
引っかけるところさえあれば、子供用の即席ハンモックに早変わり。大人は無理！

素敵な焼き物ですね
វាជាសិប្បកម្មដ៏ល្អស្អាត
ヴィアチア　サパカムデイ　ドースアー(ト)
It's a very nice pottery.

お盆 ថាស
タッ(ス)
tray

箸 ចង្កឹះ
チョンカッ
chopsticks

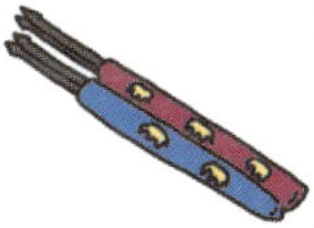

箸置き ប្រដាប់ដាក់ចង្កឹះ
プロダッ(プ) ダッチョンカッ
chopstick rest

壺 ក្អម
コォーム
pot

骨董品 វត្ថុបុរាណ
ヴァットッボーラン
antique

仏像 រូបបដិមាព្រះពុទ្ធ
ループバデマー プレッポッ(ト)
Buddha statue

砂糖ヤシ製品 របស់ធ្វើពីដើមត្នោត
ロボットヴゥーピーダウ(ム) トナオッ(ト)
sugar palm goods

---

column｜カンボジアシルク

繭から紡いだ絹糸を柄に合わせて丁寧に染色をした後、一本一本手で織られるカンボジアの伝統的な織物。

サンポット・ホール សំពត់ហូល
ソンポッ(ト) ホー(ル)
Sampot hol

◀カンボジアシルクを代表する絹織物。絣柄が日本人になじみやすい。

サンポット・パームオン សំពត់ផាមួង
ソンポッ(ト) パムゥーン
Sampot Phamourg

▶玉虫色のような光沢の生地に金や銀糸で裾の部分に柄を施す。

ピダン ពីដាន
ピダーン
Pidan

▶「天井」の意味を持つ絵絣。宗教的な意味合いの深い絵柄が多い。

ひとくちコラム
本物を見分ける目を！
ルビーの産地で有名なカンボジア。市場には色とりどりの宝石が並んでいる。でも、中には「まがいもの」もあるので、本物を見分ける目は必須！あまり値段が安いものは注意しよう。

使える！ワードバンク　素材編

ダイヤ	ពេជ្រ	ペイッ
宝石	ត្បូង	トボーントモー
ルビー	ត្បូងទទឹម	トボーントトゥ(ム)
シルバー	ប្រាក់	プラッ(ク)
金	មាស	ミアッ

★カンボジアではまだ大量生産ができないので、製品のほとんどが手工芸品。市場などで1点ものの掘出しものを見つけるのも楽しい

極めよう

カンボジア観光のメインはアンコール・ワット。遺跡群は広く点在するのでプランをしっかり立てて行動しよう。

世界遺産、アンコール・ワットですが、

時間によって、その印象は変わります

まだ陽の昇らない時間に行き、朝日を待つと————

おおっ

建物の後ろから上がる太陽と美しい朝焼けが見られる。

その時間帯目当ての観光客も多いけれど比較的空いているので見学がスムーズだった。

眠さをこらえて

← ほとんどの石仏は首を切られている

生々しい銃弾の跡 →

※9月に観光した時

戦争の歴史を実感しますね

そして夜のアンコール・ワットは────

美しく
ライトアップ！
徐々に変化する
ライトの色が
幻想的〜

池に映った姿が
またいい‥‥→

わあっ

←ライトアップされた壁画
は、彫刻が浮き上がって
描かれたものが
わかりやすい。

夕日を眺めるスポットとして有名な
丘上式寺院「プノン・バケン」からは

人がいっぱい！

遠くまで
見渡せる〜

わー

夕日にけむる
アンコール・ワット
が見える

気球から一眺
できる施設もある

アンコール・ワットを堪能しよう！

アンコール遺跡群を知ろう

ប្រាសាទនៅតំបន់អង្គរ
プラサー（ト）ヌー　ドンボンアンコー
Temples of Angkor

ジャングルの中にアンコール・ワット遺跡が確認されてから、カンボジアの古都が世界から注目され始めた。シェムリアップには遺跡が密集しており、有名なものだけでも数十か所を数えることができる。大回りコース、小回りコースのほかに、バンテアイ・スレイ遺跡、ロリュオス遺跡群などをじっくり回りたいなら1日では到底無理。3日以上の旅程が必要。

アンコール・トム ➡P66
アンコール・ワット ➡P64

❶王宮	❹バイヨン寺院	❼プリヤ・カン	❿タ・ケウ
ភិមានអាកាស	បាយ័ន	ព្រះខ័ន	តាកែវ
ピミェンアーカッ	バーヨアン	プレァカン	ターカェウ
Phimean Akas (Celestial Palace)	Bayon	Preah Khan	Ta Keo
❷ライ王のテラス	❺南大門	❽ニャックポァン	⓫チャウ・サイ・テウダ
លានស្តេចគម្លង់	ច្រកទ្វារខាងត្បូង	នាគព័ន្ធ	ចៅសាយទេវតា
リァン スダッイコムロン	チョロークトヴィァ カーントボーン	ネァッ（ク）ポァン	チャウサイ テヴァダー
Terrace of the Leper King	The South Gate	Neak Pean	Chau Say Tevoda
❸象のテラス	❻プノン・バケン	❾トマノン	⓬タ・プローム
លានដំរី	ភ្នំបាក់ខែង	ធម្មនន្ទ	តាព្រហ្ម
リァン チョ(ル)ドムライ	プノム バカエン	トァマノン	タープロ（ム）
Terrace of Elephants	Phnom Bakheng	Thmmanon	Ta Prohm

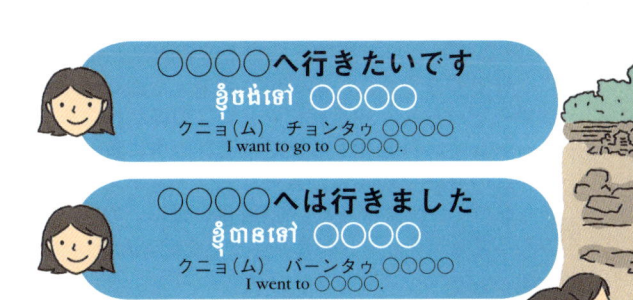

○○○○へ行きたいです
ខ្ញុំចង់ទៅ ○○○○
クニョ(ム) チョンタウ ○○○○
I want to go to ○○○○.

○○○○へは行きました
ខ្ញុំបានទៅ ○○○○
クニョ(ム) バーンタウ ○○○○
I went to ○○○○.

⑬ バンテアイ・クデイ
បន្ទាយក្តី
バンティアイクデイ
Banteay Kdei

⑭ スラ・スラン
ស្រះស្រង់
スラッスロン
Sra Srang

⑮ プラサート・クラヴァン
ប្រាសាទក្រវាន់
プラサートクロヴァン
Prasat Kravan

⑯ プレ・ループ
ប្រែរូប
プラェループ
Pre Rup

ロリュオス遺跡群 ★
ប្រាសាទរលួស
プラサートロルッ
Roluos Temples

⑰ ロレイ
លលៃ
ロレィ
Lolei

⑱ プリヤ・コー
ព្រះគោ
プレァッコー
Preah Ko

⑲ バコン
បាគង
バーコン
Bakong

---

column | アンコール遺跡群について

アンコール・ワットはカンボジアの代表的な遺跡のひとつ。国旗にも描かれるほど、カンボジアにとってこれらの遺跡は重要なもの。このほかにも、「アンコール遺跡群」と呼ばれるように、国内にはたくさんの遺跡が点在していてそれぞれの魅力に人気が高まっている。現在でも新たに遺跡が発見されることも珍しくはなく、数年前に「ベンメリァ」と呼ばれる遺跡が確認され、話題となった。まだほかにも発見されていない遺跡があるのかもしれない。

使える！ワードバンク　アンコール遺跡周辺編

日本語	クメール語	カタカナ
バンテアイ・スレイ	បន្ទាយស្រី	バンティアイスレイ
プノンクロム	ភ្នំក្រោម	プノムクラォム
プノンボック	ភ្នំបូក	プノムボーク
プノン・クレーン	ភ្នំគូលេន	プノムクーレン
空港	អាកាសយានដ្ឋាន	アーカサ ィァンナターン
チケット売り場	កន្លែងលក់សំបុត្រ	コンラェンロッ(ク) ソンボッ(ト)
シェムリアップ川	ស្ទឹងសៀមរាប	ストゥンシェムリァップ
市街地	ទីប្រជុំជន	ティープロチョムチュン
国道6号線	ផ្លូវលេខ៦	プラウレー(ク) プラ(ム) ムォーイ
トンレサップ湖	បឹងទន្លេសាប	ブン トンレーサー(プ)

★ロリュオス遺跡群とは⑰ロレイ、⑱プリヤ・コー、⑲バコンなどの遺跡を総じてそう呼ぶ

アンコール・ワットを知ろう

យល់ដឹងពីអង្គរវត្ត
ヨールダン　ピーアンコーワッ(ト)
Getting to know Angkor Wat

「寺院都市」という意味を持つこの寺院は、12世紀にかけて建立された。建設当時は栄えた都だったが次第に忘れられ、19世紀にフランスの博物学者アンリー・ムオが再発見するまでは密林の中に眠っていた。この寺院を建設したスーリャヴァルマン2世が、自らをヴィシュヌ神だとして1回廊の壁にこの神にまつわる話をモチーフにしたレリーフを施した。

アンコール・ワットの彫刻に興味があります
ខ្ញុំចាប់អារម្មណ៍ពីរូបចម្លាក់ក្នុងអង្គរវត្ត
クニョ(ム)チャッ(プ)　アーロム　ピールー(プ)　チョムラッ　クノンアンコーワッ(ト)
I am interested in sculpture in Angkor Wat.

寺院がすばらしいですね！
ប្រាសាទអស្ចារ្យណាស់!
プラサー(ト)　オーチャーナッ
Temple is wonderful!

ひとくちコラム
フォトジェニックな被写体
アンコール遺跡は遺跡好きのみならず、写真好きにとっても魅力的な被写体。遺跡に描かれたレリーフも、その日のコンディションによって変わってくる。

歴史	クメール文化	修復
ប្រវត្តិសាស្ត្រ	វប្បធម៌ខ្មែរ	ការជួសជុលឡើងវិញ
プロヴァテサッ	ヴァパタア　クマェ	カー　チュッチュ(ル)　ラウンヴェン
history	Khmer culture	restoration

景色	建築	階段
ទេសភាព	ស្ថាបត្យកម្ម	ជណ្ដើរ
テーサピァッ(プ)	スターパチャカ(ム)	チョンダゥ
scenery	building	steps

技術	石	ヒンドゥー教
ជំនាញ	ថ្ម	លទ្ធិហិណ្ឌូ
チョムニェン	トモー	ラッティッ　インドゥー
skill	stone	Hinduism

ひとくちコラム
アンコール・ワットで日の出を拝む
カンボジアにある寺院のほとんどは東向きに建てられているが、アンコール・ワットだけが西向きに建てられている。そのため、素晴らしい日の出が拝める。このご来光を拝もうと、元旦の朝のみならず世界各国の人々が明け方に遺跡に集まってくる。時期によって角度や時間が異なるので、足を運ぶ際には地元ガイドのアドバイスを受けてから出かけよう。

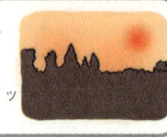

日の入	壁画
ថ្ងៃលិច	ផ្ទាំងគំនូរលើជញ្ជាំង
トガイレイッ	プタァンコムヌゥー　ルーチュンチャン
sunset	relief

日の出は何時くらいですか？
តើថ្ងៃរះម៉ោងប៉ុន្មាន?
タウ　トガイレァッ　マオンポンマーン
What time is the sunrise?

●アンコール・ワット

濠 កសិណ カッスン moat

経蔵 បណ្ណាល័យឈើជួរ ボンナーライ コンビー Library

中央塔 ប្រាង្គកណ្តាល プランカンダール the central temple

回廊 តែវ (ជ្រុវ) タェウ(プルウ) corridor

池 ស្រះទឹក スラットゥッ(ク) pool

砂糖ヤシの木 ដើមត្នោត ダウム(ト)ナオッ(ト) sugar palm

西参道 ផ្លូវដើរខាងលិច プルウダウカーンレイッ West causeway

ナーガ នាគរាជ ネアッ(ク)リッ(チ) Naga

蓮 ផ្កាឈូក プカーチュー(ク) lotus

アンコール・ワットは○○が必見です

អ្នកគួរទៅមើល ○○ ក្នុងអង្គរវត្ត
ネアッ(ク)　クータゥムール○○クノンアンコーワッ(ト)
You have to see ○○ in Angkor Wat.

ひとくちコラム

遺跡の修復について
遺跡を巡っていると、あちこちの遺跡で修復をしている様子を目にする。これらはドナー各国が技術者を送り、カンボジア人技術者を養成しながら何年にもわたって行っている修復作業。日本、フランス、イタリア、インドなど、その国によって修復の技法や手順にも特徴がみられる。遺跡巡りの傍らで、遺跡修復の様子をウォッチングしてみるのもおもしろい。

使える！ワードバンク　遺跡編

修復中	កំពុងជួសជុល	コンポンチュッチュ(ル)
立入り禁止	ហាមចូល	ハームチョー(ル)
休憩所	កន្លែងសំរាក	コンラェンソムラッ(ク)
有料トイレ	បន្ទប់ទឹកបង់ថ្លៃ	ボントッ(プ) トゥッ(ク) ボントライ
軽食	ចំណីបឹកបុក	チョムネイチョムノッ(ク)
像	បដិមាករ	パデマーコー
世界遺産	បេតិកភណ្ឌពិភពលោក	ペテカポァンピッポープロー(ク)

アンコール・ワットを極めよう

ស្វែងយល់ពីអង្គរ
スヴァェン(グ) ヨー(ル) ピーアンコー
Learning about Angkor Wat

このレリーフはなんですか？
តើរូបចម្លាក់នេះបង្ហាញពីអ្វី?
タウ<u>チョムラッ(ク)</u> ニッ ボンハー(ニュ) ピーアヴァイ
What does this <u>relief</u> depict?

天国と地獄です
គឺជាឋានសួគ៌ និងឋាននរក
クーチャターンスウー ヌンターンノロッ(ク)
This is Heaven and Hell.

何年かかって造られたのでしょう？
តើវាកសាងចំណាយពេលប៉ុន្មានឆ្នាំ?
タウヴィアコーサーン チョムナーイペー(ル) ポンマンチュナ(ム)
How many years does it take to finish it?

約20年です（数字➡P86）
ប្រហែលពេល២០ឆ្នាំ
プラウペール モペィチュナ(ム)
It took 20 years.

ひとくちコラム

ユネスコの世界遺産に登録されているアンコール・ワット。この遺跡はヒンドゥー思想にある須弥山をモチーフにしているとも言われている。このような宗教的な意味合いのほかにも、レリーフをはじめとした芸術的な素晴らしさも必見。ラーマヤナの合戦のシーンなどは、猿が阿修羅たちのお尻に噛みついている様子などが描かれ、ユーモアあふれる表現が魅力。時間をかけてゆっくり観察しよう。

壁画	物語
ផ្ទាំងគំនូរនៅលើជញ្ជាំង	រឿងរ៉ាវ
プタァンコムヌゥー ヌールー チュンチァン	ルーン(グ) ラウ
mural	story

神様	彫刻
ព្រះ	រូបចម្លាក់
プレァッ	ルー(プ) チョムラッ(ク)
god	sculpture

使える！ワードバンク　アンコール・ワット編

ラーマヤナ物語	រឿងរាមកេរ្តិ៍ ルーン(グ) リアムケー
モハーバーラタ物語	រឿងមហាភារត ルーン(グ) モハーピァラタ
お祈り	បួងសួង ボバッチッ(ト)
お供えもの	គ្រឿងបូជា クルーンボーチァ
占い	ហោរាសាស្ត្រ ハォラーサッ
レンガ	ឥដ្ឋ アッ(ト)
砂岩	ថ្មភក់ トモーボッ(ク)

●彫刻の主な登場人物

アンコール遺跡群の壁画にはインドの叙事詩をモチーフにした登場人物がたくさん登場している。その個性的なキャラクターたちの特徴をつかんでおき、実際に壁画を見る際に物語と照らし合わせていけば、さらにアンコール・ワットが身近なものに感じられるに違いない。ここでは、選り抜きの主な登場人物5名を紹介しよう。

ラーマ王子
ព្រះរាម
プレアリァ(ム)
Prince Rama

ヴィシュヌ神の化身。ラーマヤナ物語に登場し、幽閉されたシータ姫を救うために戦う。

シータ姫
សីតា
セイダー
Sita

ラーマの妻。ハスの花から生まれた美女。国を追われたラーマに従い森に入り、幽閉される。

第一回廊
រោងថែវទី១
ロートン ティームォーイ
The First Gallery

ラーマ王子が幽閉されたシータ姫を救う物語『ラーマヤナ』、王家の中の争いを描いた物語『マハーバラタ』、スーリャバルマン2世が天国で幸せに過ごす様子を描く『天国と地獄』、不老不死の薬アムリタを得るために神々と阿修羅たちがナーガを使って綱引きする光景、アプサラの誕生、アムリタの生成、ヴィシュヌ神の妻ラクシュミーが誕生する場面が描かれた『乳海攪拌』などのレリーフが絵巻のように広がる。

乳海攪拌
ការសមុទ្រកីរសមុទ្រ
クーサモッ(ト) トゥッ(ク) ドッ
Churning of the Ocean of Milk

天国と地獄
ឋានសួគ៌ និងឋាននរក
ターンスワー ヌン ターンノロッ(ク)
Heaven and Hell

スーリャヴァラマン2世
សូរ្យវរ្ម័នទី២
スーレァヴァラマン ティービー
Suryavarman II

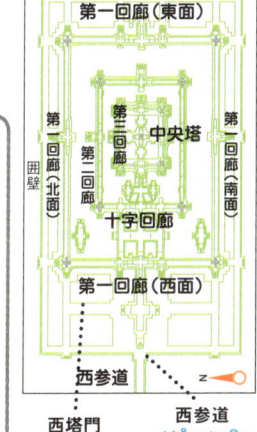

第二回廊
រោងថែវទី២
ロートン ティービー
The Second Gallery

この回廊には特にストーリー性のあるレリーフはないが、テヴァダーと呼ばれる女神のレリーフをたくさん見ることができる。それぞれ異なる表情や衣装をチェックするのもおもしろい。また、隠し窓と呼ばれる連子格子窓も特徴的。

アプサラ
អប្សរា
アプ(サ)ラー
Apsara

テヴァダー
ទេព្តា
テーヴァダー
devada

西塔門
ច្រកទ្វារខាងលិច
ヂョロー(ク)トヴィア カーンレイッ
West Gopura

西参道
ផ្លូវដើរខាងលិច
プルウトム カーンレイッ
West Causeway

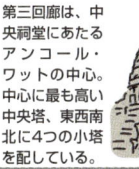

第三回廊
រោងថែវទី៣
ロートン ティーバイ
The Third Gallery

第三回廊は、中央祠堂にあたるアンコール・ワットの中心。中心に最も高い中央塔、東西南北に4つの小塔を配している。

十字回廊
រោងថែវខ្វែង
ロートン クヴェン
Axial Galleries

大きな仏像があり、たびたび信者がお参りに来る。その手前には江戸時代の日本人、森本右近太夫一房の落書きがある。

🛺 ひとくちコラム
見学前には予習を！
アンコール遺跡の見学へ行く際には、できればあらかじめ壁画レリーフの意味などを勉強しておこう。見学の楽しさも一気に倍増する。

ハヌマーン将軍
ហនុមាន
ハヌマーン
Hanuman

シータ姫を助けに行く途中で出会った猿の軍隊の将軍。ラーマを助けてシータ姫を救い出す。

レァ王子
ព្រះលក្ស្មណ៍
プレァレァッ
Leak Smana

ラーマの弟。腹違いの弟が王位につくことになり国を追われたラーマとともに旅をする。

阿修羅
អាសុរាពណ៍
アソリァッ(プ)
Asuras

シータ姫を連れ去った阿修羅「ラーバナ」は、千本の手と10の顔を持つといわれている。

アンコール・トムを知ろう

សិក្សាពីអង្គរធំ
ソクサーオンピー　アンコートム
Learning about Angkor Thom

「大きな都」という意味のアンコール・トム。3km四方の城壁内には10～12世紀に建設された遺跡が点々とする。広々とした敷地内に壮大なスケールで創られた都は、当時のジャヤヴァルマン7世の強さの証しともいえる。この時代の繁栄の様子は、周達観(しゅうたつかん)という中国人が「真臘風土記」に記しており、これを読みながら遺跡を巡るのもひとつの手。

アンコール・トムとはどういう意味ですか？
តើអង្គរធំមានន័យយ៉ាងដូចម្តេច?
タゥ<u>アンコートム</u>　ミェンネィ　ヤーンドーイマダイ
What's the meaning of <u>Angkor Thom</u>?

大きな都という意味です
វាមានន័យថា　ទីក្រុងធំ
ヴィアミェンネイター　<u>ティークロントム</u>
It means '<u>Great City</u>.'

南大門
ប្រកទ្វាវាងស្តុង
チョロー(ク)トヴィア　カーントボーン
South Gate

アンコール・トムの正門は象のテラスに通じる「勝利の門」だが、観光コースとしては南大門から入るのが一般的。5つの門の前の橋の欄干は、神々と阿修羅による「乳海攪拌」の様子をモチーフにしているが、南大門以外は大きく崩壊している。門には四面の菩薩像がおり、訪問者を歓迎してくれる。門をくぐるときに上を見上げると、石を少しずつずらしてアーチを造っている建築様式を確認できる。

ジャヤヴァルマン7世
ជ័យវរ្ម័នទី៧
チェイヴァラマン　ティープラ(ム)ピー
Jayavarman VII

12世紀ころの大王。この時代に東南アジア地域にわたる一大アンコール帝国を築いた人物。

神々　ព្រះ　プレア　gods
阿修羅　អាសុរាណ៍　アソリア(プ)　Asuras
橋　ស្ពាន　スピェン　bridge

使える！ワードバンク　アンコール・トム編

四面像	ព្រហ្មមុខបួន	プロ(ム) モッ(ク) ボーン
東西南北	កើត លិច ស្តុង ជើង	カウト レイッ トボーン チューン
城門	ខ្លោងទ្វារ	クラオントヴィア
死者の門	ប្រកទ្វាវមនុស្សាត់	チョロー(ク) トヴィア モチョリアッ(チ)
壁画	ចម្លាក់លើ	チョムラッ(ク) ル(プ)
勝利の門	ទ្វារជ័យ	チョロー(ク) トヴィア チェイ
みやげ店	ហាងលក់វត្ថុអនុស្សាវរីយ៍	ハーンロッ(ク) ヴァットゥアヌサヴリー

バイヨン
បាយ័ន
バーヨャン
Bayon

アンコール・トムのメインの遺跡。菩薩の顔である四面像の表情は、クメール人の特徴をよくとらえている。バイヨンを建設したジャヤヴァルマン7世は、敬虔な仏教信者だった妻の影響で大乗仏教を取り入れたため、仏教とヒンドゥー教が融合した遺跡となっている。回廊にはヒンドゥーの神々にまつわるストーリーのほかに、当時の生活の様子が生き生きと描かれたレリーフがあり、芸術的価値も高い。

中央塔
ប្រាសាទកណ្ដាល
プランカンダール
the central tower

リンガ
សិវលិង្គ
テヴァルン
linga

テラス
លាន
リャン
terrace

観音菩薩像
លោកេស្វរៈ
ローケーシュヴァラ
Avalokitesvara statue

四面の塔に描かれた菩薩は、すべての方角（世界）の平和を見つめるものの象徴とされる。

象のテラス
លានដល់ដំរី
リャンチョルドムライ
Terrace of Elephants

当時、軍隊の乗り物、狩り用の乗り物として使われていた象が、テラスの壁に描かれている。

ライ王のテラス
លានព្រះគម្ងង់
リャンプレァコムロン
Terrace of Leper King

三島由紀夫「癩王のテラス」で有名。ライ王像はレプリカで、木物はプノンペンの国立博物館（→P17）にある。

ピミアナカス
ប្រាសាទភិមានអាកាស
プラサー(ト) ピミェンアーカッ(ス)
Phimeanakas

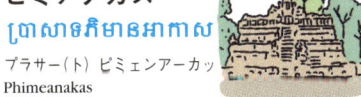

プラサート・スール・プラット
ប្រាសាទសួព្រ័ត្រ
プラサー(ト) スープロァッ(ト)
Prasat Sour Prat

バプーオン
បាពួន
バープゥーン
Baphuon

プレアピトゥ
ព្រះពិធូរ
プレァピトゥー
Preah Pithu

写真を撮ります
ខ្ញុំថតរូប
クニョ(ム) トー(ト) ルー(プ)
I take a picture.

ひとくちコラム
王のテラスで当時をしのぶ
勝利の門を通り戦場から戻った英雄たち。広場では国民が喝采を送るなか、彼らは王の前に到着する。王は戦いの功績に対して褒美を与える…。当時、そんな様子が繰り広げられていたテラスの上に立ってみるのも感慨深いものだ。

そのほかの遺跡を知ろう

សិក្សាអំពីប្រាសាទផ្សេងទៀត
ソクサーオンピー プラサー(ト)
プセーンプセーン ティアッ(ト)
Learning about the other ruins

次はタ・ケウへ行きたいです
ខ្ញុំចង់ទៅតាកែវនៅពេលក្រោយ
クニョムチョンタウ タ カエウ ヌーペー(ル) クライ
I would like to go Ta Keo next.

タ・プロームがおすすめですよ
គួរអញ្ជើញទេតាព្រហ្ម
クーアンチューンタウ タープロ(ム)
I recommend you to go Ta Prohm.

ぜひ案内してください！
សូមនាំខ្ញុំទៅមើលផង!
ソームノア(ム) クニョ(ム) タゥムー(ル) ポーン
Please show me it!

ひとくちコラム
まだある！必見スポット
アンコール前後の時代の遺跡は1000以上あるといわれている。ベンメリアやプレヤカン、プレアヴィヒア遺跡など、古い時代の遺跡もぜひ見ておきたい。

タ・プローム
តាព្រហ្ម
タープロ(ム)
Ta Prohm

この遺跡の魅力はガジュマル（溶樹）が遺跡を覆った、石と木の根の絡み合い。この樹木が遺跡を崩壊させているとも、この樹木の絡み合いが崩壊を食い止めているともいわれている。この遺跡が仏教僧院であることや、はたまた石にこびりついた苔や、諸行無常が漂う崩壊の様子がわびさびの心を打つのか、日本人に人気の遺跡である。建設された2世紀当時は5000人の僧侶と615人の踊り子がいたといわれている。

絡みつく
ប្រទាក់ក្រឡាគ្នា
プロテァッ(ク) プロラークニァ
entangled

苔
វីស្លែ
スラェ
moss

榕樹（ガジュマル）
ដើមស្ពាន់
ダゥムスポァン
Malayan banyan

プノン・バケン山
ភ្នំបាខែង
プノ(ム) バーカエン
Phnom Bakheng

プノムクロム、プノムボックとともにアンコール三大山と呼ばれる。小高い山の上に9世紀にヤショーバルマン1世が都の中心として建立した寺院がある。頂上までは山をぐるりと回る道があり、登りきったところにさらに寺院がそびえ立つ。寺院を登る階段はとても急だが、頂上に立つと360度のパノラマが広がりすがすがしい。夕日に照らされるアンコール・ワットを見るスポットにもなっていて、夕刻は賑わう。

頂上
កំពូល
コンプール
top (of the mountain)

階段
ជណ្ដើរ
チョンダウ
steps

プノン・バケン
ភ្នំបាខែង
プノ(ム) バカェン
Phnom Bakheng

プラサート・クラヴァン
ប្រាសាទក្រវាន់

プラサー（ト）クロヴァン
Prasat Kravan

ヴィシュヌ神を祀った、5つの塔からなるレンガ造りの寺院。中央塔にヴィシュヌ神の浮き彫りがある。

バンテアイ・クデイ
បន្ទាយក្តី

バンティアイクディ
Banteay Kdei

12世紀末に建立された仏教寺院。正面のテラスを抜け、中央祠堂に向かって二重の回廊の平面型遺跡。

タ・ケウ
តាកែវ

タカェウ
Ta Keo

11世紀に建設された未完成のピラミッド寺院。王の死によって建設が放置されてしまったといわれている。

プリヤカン
ព្រះខ័ន

プレァカン
Preah Khan

12世紀にジャヤヴァルマン7世がチャンパとの戦いの戦勝記念に建て、父の菩提寺とした仏教寺院。

ニャックポアン
នាគព័ន្ធ

ネアッ（ク）ポアン
Neak Pean

「とぐろを巻くヘビ」という意味をもつ12世紀の仏教建築。中央祠堂がある池の周りに小池が4つある。

バンテアイ・スレイ
បន្ទាយស្រី

バンティアイスレイ
Banteay Srei

10世紀建立の、「女の砦」という名のヒンドゥー寺院。東洋のモナリザと呼ばれる女神のレリーフが有名。

プノン・クレーン
ភ្នំគូលេន

プノ（ム）クーレーン
Phnom Kulen

シェムリアップの北東に位置する山で、802年にジャヤヴァルマン2世が神王として即位した地である。

---

column | **アジア最大の湖、トンレサップ湖**

トンレサップ湖は、雨季になるとメコン川からの水がプノンペンの合流地点から逆流し、大きくなり、その最大の大きさは日本の琵琶湖の4倍ともいわれる。この湖は魚量も豊富で、古きよき時代はアジア最大の水揚げを誇ったほどだ。最近はその量は減ってしまったが、湖や川での漁業はまだまだ盛ん。反対に、乾季にはメコン川からの逆流がなくなり、湖は次第に小さくなる。水が引いた土地にはメコンの肥沃な土が残り、稲作に適した養分豊富な土地が広がる。湖が農業にも漁業にも恩恵を与えてくれているのだ。

カンボジアの歴史を極めよう

លិក្សាពីប្រវត្តិសាស្ត្ររបស់កម្ពុជា
ソクサーピー プロヴァトサッ ロボッカンプチァ
Learning about Cambodian History

カンボジアの建国神話では、インドのほうからやってきた王が、人間の姿になって島に遊びに来た竜王の娘と結婚し、カンボジアを創ったとされている。文献をもとにした歴史は、2世紀ごろのプノン（扶南）王朝時代を皮切りに、アンコール王朝、そして激動の近代史に入っていく。繁栄と衰退を繰り返すカンボジアの歴史を知っておくと、よりいい旅になる。

カンボジアの歴史について教えてください

សូមបង្រៀនខ្ញុំពីប្រវត្តិសាស្ត្ររបស់កម្ពុជា
ソームボングリェンクニョ（ム） ピープロヴァトサッ ロボッカンプチァ
Please teach me the history of Cambodia.

①前アンコール時代
សម័យមុនអង្គរ
サーマイ モンアンコー
Pre-Angkorian Period

2世紀ごろにプノン（扶南）王朝が中国とインドの中継貿易地として栄えた。5～6世紀にチェンラー（真臘）王朝が発展するが、8世紀初頭には衰退する。

③ロンヴェーク時代
សម័យឡងវែក
サーマイ ロンヴェー（ク）
Lovek period

アンコール放棄後にスレイソントー、プノンペンと転々と首都が変わる。ロンヴェークは1528年に遷った都。この時代に『トムティウ』という文学作品が完成された。

④ウドン時代
សម័យឧដុង្គ
サーマイ オドン
Udong period

再びプノンペンに遷都する前の都。ウドン山の上に寺院があり、行楽地のひとつとなっている。日本人との交流もあり、「うどん」という名前にもゆかりがあるとも言われている。

②アンコール時代
សម័យអាណាចក្រអង្គរ
サーマイ アナチャッアンコー
Angkor Empire

802年にジャヤヴァルマン2世がクーレーン山で神王として即位。その後、数代にわたる王が勢力を広げ、ジャヤヴァルマン7世の統治時代（12～13世紀）が最盛期。

●1113年
アンコールワット建立

建設にあたっては、約30年間でのべ数万人の労働力が動員されたといわれている。

●1181年
バイヨン建立

死者を弔うための寺院としてジャヤヴァルマン7世が建立。正面は死者の門に通じる。

①前アンコール時代	②アンコール（王朝）時代	③ロンヴェーク時代	④ウドン時代
	802年 ジャヤヴァルマン2世がアンコール朝創立		
6～8世紀	802～1431年	1528～1622年	1623年～
2世紀ごろ 扶南王朝 5～6世紀ごろ 真臘王朝 8世紀初ごろ 水真臘と陸真臘に分裂。ジャヤヴァルマン2世がジャワに幽閉される	1113年 スーリヤヴァルマン2世がアンコールワット建立 1181年 ジャヤヴァルマン7世がバイヨンなどを含むアンコールトム建立開始 1353年 シャムがアンコールを攻略 1431年 アンコール王都陥落。各地へ点々と遷都	16世紀末 日本人町設立	1632年 日本人、森本右近太夫一房がアンコールワットを参拝西はシャム、東はベトナムへの帰属が広がる 1847年 アンドン王がシャム、ベトナムの合意で即位 1860年 フランス人学者アンリ・ムオがアンコール遺跡調査

使える！ワードバンク 歴史上の人物編

ノロドム・シアヌーク	នរោត្តម សីហនុ	ノロドム シハヌ
ノロドム・シハモニー	នរោត្តម សីហមុនី	ノロドム シハモニー
ノロドム・ラナリット	នរោត្តម រណឫទ្ធិ	ノロドム ラナルッ(ト)
ロン・ノル	លន់ នល់	ロン ノル
ポル・ポト	ប៉ុល ពត	ポ(ル) ポ(ト)
ヘン・サムリン	ហេង សំរិន	ヘーン ソムルン
フン・セン	ហ៊ុន សែន	フン サェン

⑤ フランス植民地時代
សម័យអាណានិគមនិយមបារាំង
サーマイ アナーニコム ニッヨ(ム) バーラン
French rule

1863年にノロドム王がフランスと保護国条約を結び、1953年の独立まで90年間にわたって続いた。

⑥ シアヌーク時代
សម័យសង្គមរាស្ត្រនិយម
サーマイ ソンコム リャッニッヨ(ム)
The Sihanouk years

フランスから独立を果たしたシアヌーク王が、王制社会主義国として統治した時代。中立外交を取った。

⑦ ロンノル時代
សម័យរបបលន់ នល់
サーマイ ロボー(ブ) ロンノル
the Lon Nol government

1970年3月にロン・ノル将軍がクーデターを実行。シアヌーク王は国を追われ中国へ亡命し、対抗勢力を作る。ベトナム戦争の影響も受け、カンボジアは混乱の時代へと入る。

⑧ ポルポト時代（クメール・ルージュ時代）
សម័យរបបខ្មែរក្រហម
サーマイ ロボー(ブ) クマェクロホー(ム)
Khmer Rouge government

1975年4月17日、共産思想をもったクメール・ルージュがプノンペンを陥落。腐敗した前政府打倒を喜ぶのもつかの間、同政府の極度の共産思想により虐殺の時代に移る。

⑨ ヘンサムリン時代
ឋិនាន់ហេង សំរិន
サーマイ ヘーンソムルン
Heng Samrin government

1979年1月7日、ベトナム軍の支援を受けて「カンプチア救国民族統一戦線」がプノンペンを解放。人民革命評議会議長ヘン・サムリンがカンプチア人民共和国を樹立。

ひとくちコラム
歴史に立ち向かう国民
ポル・ポト時代を経て内戦が続いたカンボジア。人々の心は大きく傷つき、その深さは計りしれない。ひと昔前までは、国民はポル・ポト時代のことを語らなかった。「思い出したくない」「誰が聞いているかわからないので怖い」といったことから、公の場では近代史を取り上げることはタブーだった。だが、近年ではいわゆるポルポト裁判が国際支援により始まり、当時の史実研究も進んできた。カンボジア資料センターという機関が、一般国民から当時の様子を聞き取り、資料として残す活動を進めている。辛く悲しい体験を記憶の奥底にとどめておくのではなく、国の歴史として再認識する活動が、国民の手で進められているのである。

---

⑤フランス植民地時代　⑥シアヌーク時代　⑧ポル・ポト時代　新生カンボジア

1975年　クメール・ルージュによりプノンペン陥落　民主カンプチア政府樹立

1992年　UNTAC駐留
1993年　第1回総選挙実施、新生カンボジア政府発足

1800年〜　　1900年〜　　2000年〜

1863年　フランス−カンボジア保護条約調印
1887年　仏領インドシナ連邦成立
1907年　タイよりアンコール地方返還される
1945年　日本軍の侵攻でいったんフランスから独立

1953年　シアヌーク王によりフランスからの完全独立達成
1955年　シアヌーク王退位。父のスラマリットに王位を譲り、自分らは人民社会主義共同体の総裁に就任

⑦ロンノル時代
1970年　クーデターによりシアヌーク北京へ亡命

⑨ヘンサムリン時代
1979年　カンプチア救国民族統一戦線がプノンペンを解放　カンプチア人民共和国政府樹立
1982年　民主カンプチア勢力とソン・サン派、シアヌーク派により「民主カンプチア連合政府三派」発足

カンボジアの宗教と神々を極めよう

លិក្ខាពីសាសនា និព្រះទៅក្នុងអ្នកជា
ソクサーピー　サスナー
ヌンプレア　ヌーカンプチア
Learn about religions and gods in Cambodia

カンボジアの国教は仏教。大乗仏教を主とする日本と異なり、カンボジアの仏教は修行やお布施をしたその個人が救われるという考えの小乗仏教を主流とする。一方、アンコール時代にはヒンドゥー教の影響を受けたため、文化・芸術のなかにはヒンドゥーの神々が登場する。ヒンドゥーの神々は個性的なので、その特徴を覚えておくと遺跡見学も楽しくなる。

あなたが信仰している宗教はなんですか？
តើអ្នកកាន់សាសនាអ្វី?
タウネァッ（ク）　カンサスナー　アヴァイ
What is your religion?

仏教です
ខ្ញុំកាន់សាសនាព្រះពុទ្ធ
クニョ（ム）　カンサスナー　プレァポッ（ト）
I believe in Buddism.

無宗教です
ខ្ញុំមិនកាន់សាសនាអ្វីទាំងអស់
クニョ（ム）　マンカンサスナー　アヴァイテァンオッ
I believe in no religion.

ブッダ
ព្រះពុទ្ធ
プレァポッ（ト）
Buddha

カンボジアのブッダ像は、全体が金色に塗られ、その周りには電飾で後光を光らせる。見慣れていないと最初は目がチカチカしてしまうほど。

小乗仏教
ព្រះពុទ្ធសាសនាហនិយាន
プレァポッ（ト）　サスナー　ハニイェン
Theravada Buddhism

小乗仏教の戒律は厳しく、僧侶は昼以降に食べ物を食べてはいけない。食べ物をもってお布施をする場合は午前中に済ませるようにしよう。

大乗仏教
ព្រះពុទ្ធសាសនាមហាយាន
プレァポッ（ト）　サスナー　モハーイェン
Mahayana Buddhism

カンボジアではジャヤヴァルマン7世の時代に大乗仏教が信仰されていた。現代ではカンボジアの仏教寺院に大乗仏教のものはない。

僧侶
ព្រះសង្ឃ
プレァソン
monk

小乗仏教では、男性は一生に一度出家しなければならないといわれる。一方、女性は僧侶にはなれない。

イスラム教
សាសនាអ៊ីស្លាម
サスナーイスラー（ム）
Islam

キリスト教
សាសនាគ្រឹស្ត
サスナークルッ
Christianity

ひとくちコラム
宗教について
カンボジアでは仏教を国教としているが、宗教の自由が認められている。少数派ではあるが、チャム族はイスラム教を信仰しているし、最近はキリスト教の布教も盛ん。また古来から精霊信仰もあり、「ネァックター」と呼ばれる神様を祀る習慣がある。特に、雨乞いなどの自然の恵みに対する祈りをささげる。一方、民家の軒先には小さな祠をたて、お線香をたいてバナナなどを供え、日常的に土地神様に祈る習慣もある。

ヒンドゥー教
សាសនាហិណ្ឌូ
サスナーヒンドゥ
Hinduism

現代のカンボジアではヒンドゥー教は信仰されていないが、アンコール時代に信仰され、今に至って文化として定着している。結婚式の儀式ではヒンドゥー教のしきたりを元にしている儀式が多く、宗教儀式ではなく婚礼の伝統儀式として認識されている。また、古典舞踊や芸術の中でもヒンドゥー教の登場人物や物語が受け継がれており、カンボジアの文化において切っても切り離せないものである。

ビシュヌ神
ព្រះវិស្ណុ
ピスノッ
Vishnu

ヒンドゥー教の三大神のひとつで、守護の神。

シヴァ神
ស៊ីវៈ
シヴェア
Shiva

ヒンドゥー教の三大神のひとつで、破壊の神。

リンガ・ヨーニー
លឹង្គ យោនី
ルン ヨーニー
linga Yoni

シヴァ神の男性器と妻の女性器を象徴したもの。

ブラフマー神
ព្រះព្រហ្ម
プリアム
Brahma

ヒンドゥー教の三大神のひとつ。創造の神。

ラクシュミー
លក្ស្មី
レアックスミー
Rakshmi

ヴィシュヌ神の妻。美女の象徴とされる。

ガネーシャ
ហ្គណេស
ガネーッ
Ganesa

シヴァ神の息子で、頭がゾウで体が人間。学問の神。

カーマー
កាម
カーマー
Kama

ヒンドゥー教の神のひとつ。愛の神とされる。

ハリハラ神
ហរីហារ៉ា
ハリーハラ
Harihara

ビシュヌ神とシヴァ神が合体した神。

アグニー
អគ្គី
アグニー
Agni

ヒンドゥー教の神のひとつで、火の神とされる。

カーラー
កាឡា
カーラー
Kala

ヒンドゥー教の神のひとつ。時の神とされる。

●ヒンドゥー教の神々

ハンサ（白鳥）★
ហង្ស
ホン
Hamsa, Hansha

ガルーダ（半鳥半人）★
គ្រុឌ
クロッ(ド)
Garuda

ナンディン（聖牛）★
ណាន់ឌី
ナンディ
Nandi

ひとくちコラム
ヒンドゥー教の神々たち
三大神のブラフマー、ビシュヌ、シヴァにまつわる神話は数多い。ビシュヌには10の化身（仮の姿）があり、ラーマ王子もそのひとつ。シヴァ神には「第三の目」があり、この眼を開くと閃光が走り、破壊をするといわれている。

★三大神にはそれぞれの乗り物がある。ブラフマー神はハンサ、ビシュヌ神はガルーダ、シヴァはナンディン

カンボジアの伝統、文化を極めよう

សិក្សាពីប្រវែណី និងវប្បធម៌របស់កម្ពុជា
ソクサーピープロベイネィヌントム
ニャムトムロアップロボッカンプチア
Let's enjoy the Cambodian tradition and culture.

スパエック・トムはどこで鑑賞できますか？
តើខ្ញុំអាចមើលស្បែកធំបាននៅទីណា?
タウクニョ(ム) アーイムー(ル) スパエッ(ク) トムバーン ヌーティーナー
Where can I see puppets show

いつ観たいのですか？
តើអ្នកចង់មើលពេលណា?
タウネアッ(ク) チョンムー(ル) ペー(ル) ナー
When do you want to see?

今晩です
យប់នេះ
ヨッ(プ) ニッ
Tonight.

いつでもいいのですが
ពេលណាក៏បាន
ペー(ル) ナー コーバーン
Anytime is fine.

●古典舞踊

アプサラ舞踊をはじめとするカンボジアの古典舞踊は、ロバムリッチトロアップ（ロイヤルバレー）といわれ、世界無形遺産にも登録されている。手の動きの一つ一つに意味があり、その意味が分かれば何を表現しているのかが分かって面白い。

冠
មកុដ
モコッ(ド)
crown

装飾品
ឧបករណ៍តុបតែង
オポコートッ(プ) タェン
decoration

アプサラ舞踊
របាំអប្សរា
ロバ(ム) アプサラー
Apsara Dance

ジャスミン
ផ្កាម្លិះ
プカーマリッ
jasmine

ステージ
ឆាក
チャー(ク)
stage

劇場
សាលល្ខោន
サー(ル) ラカォン
theater

祝福の踊り ★
របាំជូនពរ
ロバ(ム) チューンポー
blessing dance

ジャスミンの花を巻いて、観客に祝福を祈る意味を込めて踊る。古典舞踊の代表的な演目。

モニーメカラー ★
មុនីមេឃលា
モニーメカラー
Monimakara

モニーメカラーは雨の神。干ばつの際の雨乞いの儀式でこの踊りを奉納し、雨の恵みを祈る。

ソヴァンマチャー ★
សុវណ្ណមច្ឆា
ソヴァンマチャー
Sovan Macha

ラーマヤナの一シーン。ハヌマーンが島へ渡ろうとすると魚の女神が出てきて邪魔をする。

ひとくちコラム
内戦後の復興に取り組む
ポル・ポト時代に舞踊家も資料も破壊されてしまった古典舞踊界。生き残った先生方も高齢になり、早急な伝承が求められている。現在、まさに「生き字引き」である高齢の先生方から、若手の先生が必死に踊り方を学んでいる。

すばらしいです！
អស្ចារ្យណាស់!
オーチャーナッ
Wonderful!

★アプサラ舞踊、祝福の踊り、モニーメカラー、ソヴァンマチャーはいずれも古典舞踊にあたる

●民俗舞踊

全国各地の特色がおもしろいほど表れるフォークダンスのようなもの。素早いリズムで軽やかに、男女のグループで踊る。見ているだけで楽しくなってくるはずだ。

習えますか？
ខ្ញុំអាចរៀនរាំបានទេ?
タゥクニョ(ム) アーィリェンロァ(ム) バーンテー
Can I learn how to dance?

ココナッツダンス
របាំកោះត្រឡោក
ロバ(ム) コートロラオッ(ク)
coconuts dance

砂糖ヤシの実の殻を持った男女が、殻をリズミカルに打ちながら踊る。代表的民俗舞踊。

孔雀のダンス
របាំក្ងោក
ロバ(ム) クガォ(ク)
peacock dance

孔雀が多く生息するパイリン地方に伝わるコーラ族のダンス。孔雀の衣装はとても華やか。

漁民のダンス
របាំនេសាទ
ロバ(ム) ネサー(ト)
fisherman's dance

漁具を持った男女が川で魚をとる作業の中で、恋愛が生じる姿をコニカルに表現したダンス。

●影絵芝居

牛革を人形の形に加工し、スクリーンの後ろから影を当てて上映する。民話を題材にし、寺で行われる祭りの際に上演されるスパエック・トーイと、リアムケー（ラーマヤナ物語）を題材にしたスパエック・トムがある。

スパエック・トーイ
ស្បែកតូច
スパェッ(ク) トーイ
Sbeik Touch

影絵
ល្ខោនស្រមោល
ラカォンスロマォル
shadow puppets

教訓
និទាន
ニティェン
teachings (in folk tales)

娯楽
កំសាន្ត
コムサン
entertainment

民話
រឿងនិទានប្រជាប្រិយ
ルーン(グ) ニティェンプロチャプレイ
folk tale

祭り
បុណ្យ
ボン
festival

スパエック・トム
ស្បែកធំ
スパェッ(ク) トム
Puppet

仮面劇
ល្ខោនខោល
ラカォンカォル
masque (play)

バサック劇
ល្ខោនបាសាក់
ラカォンバサッ(ク)
Opera

column　カンボジアの伝統楽器

カンボジアの音楽は独特のリズムと音階をもつが、それを奏でるのが伝統楽器。打楽器には、太鼓、笛、木琴、弦楽器には琴やトローと呼ばれる胡弓などがあるが、どれも竹や木で作られていて、温かい音色が特徴。初めはバラバラに弾いているように聞こえるが、次第に1つの独特なハーモニーになっていく。

★クメール語で民俗舞踊はរបាំប្រជាប្រិយ ロバムプロチャプレイ、伝統楽器はឧបករណ៍ភ្លេងបូរាណ オポコープレーンボーランという

映画・音楽・芸能を極めよう

សិក្សាពីភាពយន្ត តន្ត្រី និងសិល្បៈនៅកម្ពុជា
ソクサーピーピヤップユン ドントレイ ヌン サラパッ ヌーカンプチャ
Learning about Cambodian movie, music and arts.

どんな映画が好きですか？
តើអ្នកចូលចិត្តរឿងកុនប្រភេទណា?
タウネアッ(ク) チョー(ル) チェッ(ト) ルーンコンプロベー(ト) ナー
What kind of movies do you like?

私はホラー映画が好きです
ខ្ញុំចូលចិត្តរឿងខ្មោច
クニョ(ム) チョー(ル) チェッ(ト) ルーンロントッ(ト)
I like horror movies.

恋愛映画 រឿងសងិ្សម៉ង់ ルーンソンティモン romantic movie	**サスペンス映画** រឿងស្ទើរអង្គែក ルーンスープオンケー(ト) suspense movie	**コメディ映画** រឿងកំប្លែង ルーンコンプラェン comedy movie
アクション映画 រឿងវាយ ルーンヴァイ action movie	**アニメ映画** គំនូរជីវចល コムヌーチヴァチョ(ル) animation movie	**戦争映画** រឿងសង្គ្រាម ルーンソンクリァ(ム) war movie
監督 អ្នកដឹកនាំ ネアッ(ク) ドゥッ(ク) ノァ(ム) director	**男優/女優** តួអង្គប្រុស ស្រី トゥーオン ブロッス/スレイ actor/actress	**ストーリー** រឿង ルーン story
音楽 តន្ត្រី ドントレィ music	**ポップス** បទពេញនិយម ボッ(ト) ペンニッヨム pop music	**演歌** ចំរៀងបទប្រពៃណីជប៉ុន チョンムリェン ボッ(ト) プロペイネィチョポン traditional style Japanese popular song
外国の歌 ចំរៀងបរទេស チョンムリェン ボーロテッ foreign song	**日本の歌** ចំរៀងជប៉ុន チョンムリェン チョーポン Japanese song	**ロック** តន្ត្រីប្រភេទរ៉ក់ ドントレイ プロペー(ト) ロッ(ク) rock
カラオケ ខារ៉ាអូខេ カラオーケー karaoke		

使える！ワードバンク 〈芸能編〉

映画館	រោងកុន	ローンコン
ハリウッド映画	រឿងកុនហូលីវូដ	ルーンコン ホリヴォッ(ド)
日本の映画	រឿងកុនជប៉ុន	ルーンコン チョーポン
チケット	សំបុត្រ	ソンボッ(ト)
DVD	ឌីវីឌី	ディーヴィーディー
童謡	ចំរៀងកូនក្មេង	チョンムリェン コーンクメーン
ジャズ	តន្ត្រីប្រភេទហ្សាស់	ドントレイプロペート ジャッ

ひとくちコラム
カンボジアのカラオケ事情
カンボジアにはカラオケボックスがない。さらに、「カラオケ＝酒と女」というイメージが強いので、気軽に女性を誘わないほうが賢明といえそう。

人気のある歌手は誰ですか？
តើអ្នកណាជាអ្នកចំរៀងពេញនិយម?

タウネァッ(ク) ナー チャネァッ(ク) チョンムリェンペンニッヨム
Who is a popular singer?

ひとくちコラム
カンボジア人のお楽しみは？
街の開発が進むにつれ、人々の娯楽も多様化している。しかし、やはり人々の最大の娯楽は家族の団欒。家族を大切にするのがカンボジア人らしい。

プリアップ・ソヴァット 
ព្រាប សុវត្ថិ
プリアップ・ソヴァット
Preap Sovat

チョン・ソヴァンリッチ
ឆន សុវណ្ណរាជ
チョン・ソヴァンリッチ
Chhorn Sovannareach

ジェーム 
ជែម
ジェーム
Jam

ソッコン・ニサー 
សុគន្ធ នីសា
ソッコン・ニサー
Sokun Nisa

アォック・ソッコンカンニャー
អ៊ិក សុគន្ធកញ្ញា
アォック・ソッコンカンニャー
Auk Sokunkankhna

ミァッ・ソックサォピア
មាស សុខសោភា
ミァッ・ソックサォピア
Meas Soksophea

コメディアン
អ្នកកំប្លែង
ネァッ(ク) コンプラェン
comedian

ニェイクルム 
នាយគ្រឹម
ニェイクルム
Neay Kroem

ニェイコイ 
នាយកុយ
ニェイコイ
Neay Kuy

好きなCDはありますか？
តើអ្នកមាន ស៊ីឌីណាចូលចិត្តទេ?

タウネァッ(ク) ミェンシーディーナーチョー(ル) チェッ(ト) テ
Do you have any favorite CD?

嫌いな
មិនចូលចិត្ត
マンチョー(ル) チェッ(ト)
something one does not like

テレビ番組 
កម្មវិធីទូរទស្សន៍
カムヴィティー トゥー(ル) トゥッ
TV program

ラジオ番組 
កម្មវិធីវិទ្យុ
カムヴィティー ヴィッシュ
radio program

雑誌
ទស្សនាវដ្ដី
トゥサナウディ
magazine

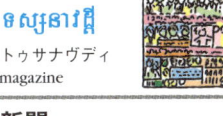

新聞 
កាសែត
カーサェッ(ト)
newspaper

column　早朝から健康志向

近年の健康ブームのせいなのか、夜も明けないうちから公園や川沿いをジョギングしたり、ウォーキングしたりする人を多く見かける。なかでも異色なのが、グループになってディスコ調の音楽にのって体を動かす人たち。これも庶民の健康法のひとつで、10分くらい繰り返しステップを踏んで踊るというもの。

マッサージ、スパを極めよう

សូមរីករាយជាមួយការម៉ាស្សា និងស្ប៉ា
ソームリッ(ク) リェイチャ ムォーイマッサー ヌンスパー
Let's enjoy massage and spa

こちらはどんなマッサージですか？
តើនៅទីនេះមានម៉ាស្សាបែបណាខ្លះ?
タウヌーティーニッ ミェンマッサー ベェッ(プ) ナークラッ
What kind of massage available here?

クメール式です
នៅទីនេះមានម៉ាស្សាតាមបែបខ្មែរ
ヌーティーニッ ミェンマッサー ター(ム) ベェッ(プ) クマエ
You can get Khmer massage here.

やってみたいです
ខ្ញុំចង់សាក
クニョ(ム) チョンサー(ク)
I would like to try.

すぐできますか？
តើខ្ញុំអាចធ្វើឥឡូវនេះបានទេ?
タウクニョ(ム) アーイトヴー エイラウニッ バーンテー
Can I get it now?

30分お待ちください ➡P88(時間)
សូមរង់ចាំ៣០នាទី
ソームローン(グ) チャ(ム) サムサッ(プ) ニァティー
Please wait for thirty minutes.

できますよ
បាន, អញ្ចឹង
バーン アンチュー(ニュ)
Yes, you can.

気持ちいい
ស្រួល
スルー(ル)
feel good (comfortable)

もっと強く
ខ្លាំងជាងនេះបន្តិច
クランチャンニッポンテイッ
stronger

痛い
ឈឺ
チュー
hurt

もっと弱く
ខ្សោយជាងនេះបន្តិច
クサオイチャンニッポンテイッ
weaker

くすぐったい
រេសិប
ロサウッ(プ)
tickle

そこをもっと
សូមធ្វើខ្លាំងកន្លែងនោះបន្តិច
ソームトゥヴークラン コンレェンヌッポンテイッ
Please push stronger there.

そのへんです
នៅត្រង់នេះ
ヌートロンニッ
That's about there.

そこはやめて
សូមកុំម៉ាស្សានៅត្រង់នេះ
ソームコ(ム) マッサー ヌートロンニッ
Please do not massage there.

スパ	タイ古式	日本式	バリ式
ស្ប៉ា	បែបថៃបុរាណ	បែបជប៉ុន	បែបបាលី
スパー	ベェッ(プ) タイボーラーン	ベェッ(プ) チョーポン	ベェッ(プ) バリー
spa	Thai traditional massage	Japanese massage	Bali massage

どこが痛いですか？
តើឈឺត្រង់ណា?
タゥチュートロンナー
Where does it hurt?

肩です ➡P104(体)
ត្រង់ស្មា
トロンスマー
It's shoulder.

クメール・マッサージ
ម៉ាស្សាខ្មែរ
マッサークマェ
khmer massage

日本の指圧などに似た方式のマッサージ。ていねいにコリをほぐし、血行を良くすることを重視している。タイ式マッサージのような激しい動きもなく、安心してマッサージを受けることができる。

アロマオイル・マッサージ
ម៉ាស្សាប្រេងក្រអូប
マッサープレーンクロオー(プ)
aroma oil massage

さまざまな香りのアロマオイルをふんだんに使って、心と体のリラクゼーションに最高のマッサージ。肌もすべすべになっていく。強く揉んだり叩いたりされるのが苦手な人におすすめ。外国人に人気。

コックチョール
កោសខ្យល់
カォッ(ス) クチョー(ル)
cock choul

カンボジアの伝統的なマッサージ。タイガーバームを塗って、10円玉のような道具で強くこする。その部分が炎症を起こして血行をよくしてくれる。頭痛や具合が悪いときには、現地の人はまずここへ行く。

ボディ・ラップ
ឆ្មង់ខ្លួន
チュポンクルーン
body wrapping

高級ホテル内のエステやスパなどで受けられる人気のボディラップ。クレイ(泥)やカンボジアの伝統的なハーブブレンドなど天然素材から作られたジェルを全身に塗って、肌のくすみや角質をとるというもの。

指圧
សង្កត់ដោយម្រាមដៃ)
ソンコッ(ト) ダォイムリァ(ム) ダイ
shiatsu (finger pressure)

日本式の按摩・指圧がカンボジアでも取り入れられている。シーイングマッサージというブランド名を掲げているところは、本格的な按摩・指圧を期待できる。また、中国系のマッサージ店でも受けられる。

けがをしている
មានរបួស
ミェンロブッ
I get hurt.

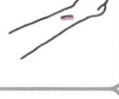

腫れている
ហើម
ハッ(ム)
swell

ひとくちコラム
マッサージ商戦白熱
プノンペンやシェムリアップを中心に、次々にマッサージやスパがオープンしている。競争が激しい分、低価格でよりよいサービスを受けられる。

仰向け
ដេកមុខឡើង
デークプガー
(lie) face up

座る
អង្គុយ
オンクイ
sit down

横向き
ងៀកមុខទៅខាងឆ្វេង/ស្ដាំ
ギァッ(ク) モッ(ク) タゥカーンチュヴェーン/スダ(ム)
turn face sideways (turn face right/left)

起き上がる
ក្រោកអង្គុយ
クラオッ(ク) オンクイ
sit up

使える！ワードバンク　身体の部位編

鍼	ការចាក់ម្ជុលវិជ្ជាសាស្ត្រ	カーチャッ(ク) マチュ(ル) ヴィッチアサッ
灸	ដុត	ドッ(ト)
吸引	កោសខ្យល់	カォッ(ス) チョッ(プ)
もむ	ច្របាច់	チョロバイッ
叩く	ទប់	トッ(プ)
圧迫する	សង្កត់	ソンコッ(ト)
全身	ពេញទាំងខ្លួន	ペンタンクルーン

暦、祭り イベント 季節

ប្រតិទិន និងពិធីបុណ្យ
プロタテン ヌン ピティーボン
Calendar, festivals and events

あけましておめでとう
សួស្ដីឆ្នាំថ្មី
スースダィ チュナ(ム) トマイ
Happy New Year

お誕生日おめでとう
ជូនពរថ្ងៃកំណើត
チューンポー トガィコムナゥッ(ト)
Happy Birthday

元旦 (1月1日)
ថ្ងៃចូលឆ្នាំថ្មី
トガィチョー(ル) チュナ(ム)
New Year day

4月が正月にあたるカンボジア人にとっては、この日はギリの正月といえる。

おおみそか (12月31日)
ថ្ងៃមុនចូលឆ្នាំ
トガィモンチョー(ル) チュナ(ム)
New Year's Eve

カンボジア人にとっては平日。誰でもきっちり仕事をしなければならない。

クリスマス (12月25日)
បុណ្យណូអែល
ボンノーアェ(ル)
Christmas Day

若者の間ではプレゼント交換や、なぜか白い粉をかける遊びが流行している。

世界人権デー (12月10日)
ទិវសិទ្ធិមនុស្ស
ティヴァセッ(ト) モヌッ
Human Rights Day

国際的な「人権デー」を国民の休日に採用。人権に関するイベント開催。

独立記念日 (11月9日)
ទិវាបុណ្យឯករាជ្យ
ティヴィァボンアェッ(カ) リァッ(チ)
Independence Day

フランスからの完全独立達成の日。独立記念塔で、国王が儀式を行う。

ひとくちコラム
カンボジアの暦
カンボジアの暦は太陽の動きを基準にした太陽暦と、月の満ち欠けを基準にした太陰太陽暦を採用。カンボジア正月、プチュン・バン、水祭りなどは太陰太陽暦に従うので、毎年日付が少しずつずれる。

解放の日 (1月7日)
បុណ្យ៧មករា
ボンプランパ(ル) マカラー
Genocide Victory Commemoration Day

虐殺の悲劇から解放された日。カンボジア人の第2の誕生日とも。

1月 មករា マカラー January	2月 កុម្ភៈ コンペァッ February
12月 ធ្នូ トゥヌー December	乾季 រដូវប្រាំង ロードゥプラン Dry Season
11月 វិច្ឆិកា ヴィチェカー November	
10月 តុលា トラー October	9月 កញ្ញា カンニャー September

ひとくちコラム
季節について
季節はおもに3季に分かれる。季節風が影響を及ぼし、3〜5月が暑季、6〜10月が雨季、11〜2月が乾季だ。

水祭り (11月中旬) ★
ពិធីបុណ្យអុំទូក
ピティーボンオ(ム) トゥー(ク)
Water Festival

3日間にわたって全国各地からのボートがトンレサップ湖やシェムリアップ川のそれぞれでレースを行う。

★は年によって変動する祝祭日、イベント

国際女性の日 (3月8日)
ទិវានារីអន្តរជាតិ
ティヴィニァリーアンタラチァッ(ト)
International Women's Day

国連の記念日を採用。男性が女性に花を渡す光景が見られる。

カンボジア正月 (4月中旬) ★
ចូលឆ្នាំប្រពៃណីខ្មែរ
チョールチュナ(ム) プロペィネィクマェ
Khmer New Year

天文学的に計測して新年に入る時間が決まる。この時間には、「新年の女神」が降りてくるといわれている。

ミァック・ボーチア祭 (2月中旬) ★
មាឃបូជា
ミァッ(ク) ボーチア
Meak Bochea Day

ブッダが、3ヶ月後に入滅すると宣言した日。仏教行事の中でも重要とされ、寺院には終日信徒が集まり儀式が執り行われる。

ヴィサック・ボーチア祭 (5月中旬) ★
ពិសាខបូជា
ビサー(ク) ボーチア
Visak Bochea Day

ブッダが、誕生し、悟り、涅槃に入った日。寺院で仏教行事が行われ、敬虔な信徒がお布施や寄進の品々を持って集まる。

3月 មីនា ミニァ(ミナー) March	4月 មេសា メーサー April
暑季 រដូវក្តៅ ロードゥクダゥ hot season	5月 ឧសភា ウサピァ May
雨季 រដូវវស្សា ロードゥヴォッサー rainy season	6月 មិថុនា ミトナー June
8月 សីហា セイハー August	7月 កក្កដា カカダー July

耕起祭 (5月中～下旬) ★
ច្រត់ព្រះនង្គ័ល
チョロッ(ト) プレアネァンコァ(ル)
Royal Plowing Ceremony

犂をつけた聖牛に土を耕させ、穀物や水などの中から何を口にするかで豊作、降雨、飢饉などを占う。

憲法記念日 (9月24日)
ទិវាបុណ្យរដ្ឋធម្មនុញ្ញ
ティヴィァボンロッ(ト) トァンマヌ(ニュ) Constitution Day

内戦後、新生カンボジア王国が採用した憲法の施行を記念。

プチュン・バン (9月下旬)
ភ្ជុំបិណ្ឌ
プチュンバン
Pchum Ben Day

盂蘭盆。先祖の霊が7つの寺にやってくるといわれ、盆の当日までの15日間、寺を回って供養をする。

使える！ワードバンク　祝日編

メーデー (5月1日) ទិវាពលកម្មអន្តរជាតិ ティヴィァポロカ(ム) アンタラチァッ(ト)

シハモニ国王誕生日 (5月13～15日)
ចំរើនព្រះជន្មព្រះមហាក្សត្រសីហមុនី チョムラゥンプレァチュン プレァモハクサッ(ト) シハモニー

モニック前王妃誕生日 (6月13日)
ចំរើនព្រះជន្មព្រះមហាក្សត្រីមុនីនាថ プレァヒ ハグサットレイ

シハモニ国王即位記念日 (10月29日)
ថ្ងៃគ្រងរាជសម្បត្តិរបស់ព្រះសីហមុនី トガィクローンリァッ(チ) ソンバット(ト) ロボッブレァッシハモニー

伝えよう

ホスピタリティあふれるカンボジアの人々。どんな毎日を送っているのか、友達になったら聞いてみるといいだろう。

普通のお宅を訪問しました！

高床式住居

一階には台所と

大きな縁台

↑ この上でくつろいだりテーブルにしたりする

ハンモック
どこの家でもよく吊るしてある

気持ちよさそう〜

二階は広〜い 一部屋!!

← カーテンで仕切った 小さな部屋はある (娘夫婦の部屋) らしい

一階から はしごで 上がれる

家族全員ここで 寝るのだそうだ!!

家族って この人数です!!

お父さん お母さん 子供たち と 孫

わたしから見たら、プライバシーは?!とか 思ってしまうのだけれど、 これが日常。

犬も飼っています。

仲良しなのだ。

数字、序数

លេខ, លេខរៀង
レー(ク)、レー(ク) リェン
numbers, ordinal numbers

0	សូន្យ	ソーン / zero
1	មួយ	ムォーイ / one
2	ពីរ	ピー / two
3	បី	バイ / three
4	បួន	ブォーン / four
5	ប្រាំ	プラ(ム) / five
6	ប្រាំមួយ	プラ(ム) ムォーイ / six
7	ប្រាំពីរ	プラ(ム) ピー / seven
8	ប្រាំបី	プラ(ム) バイ / eight
9	ប្រាំបួន	プラ(ム) ブォーン / nine

0.1	មួយ-ដប់ ソーンビァムォーイ	one-tenth
100	មួយរយ ムォーイローイ	hundred
500	ប្រាំរយ プラムローイ	five hundred
1000	មួយពាន់ ムォーイポァン	thousand
1万	មួយម៉ឺន ムォーイムーン	ten thousand
10万	មួយសែន ムォーイサェン	hundred thousand
100万	មួយលាន ムォーイリェン	million
億	មួយរយលាន ムォーイロイリェン	hundred million

★1ダースは មួយឡូ ムォーイロー、半ダースは កន្លះឡូ コンラッロー、
1本は១ដើម ムォーイダゥ(ム)、1枚は១សន្លឹក ムォーイソンルッ(ク) という

10 ដប់ ドッ(プ) ten	**20** ម្ភៃ モペイ twenty	**序数詞** លេខរៀង レー(ク) リェン ordinal numbers
11 ដប់មួយ ドッ(プ) ムォーイ eleven	**30** សាមសិប サムサッ(プ) thirty	**1番目** ទី១ ティームォーイ first
12 ដប់ពីរ ドッ(プ) ピー twelve	**40** សែសិប サエサッ(プ) forty	**2番目** ទី២ ティーピー second
13 ដប់បី ドッ(プ) バイ thriteen	**50** ហាសិប ハーサッ(プ) fifity	**3番目** ទី៣ ティーバイ third
14 ដប់បួន ドッ(プ) ブォーン fourteen	**60** ហុកសិប ホッ(ク) サッ(プ) sixty	**4番目** ទី៤ ティーブォーン forth
15 ដប់ប្រាំ ドッ(プ) プラム fifteen	**2倍** ទ្វេរ トヴェー double	**5番目** ទី៥ ティープラ(ム) fifth
16 ដប់ប្រាំមួយ ドッ(プ) プラ(ム) ムォーイ sixteen	**3倍** បីដង バイドーン triple	**6番目** ទី៦ ティープラ(ム) ムォーイ sixth
17 ដប់ប្រាំពីរ ドッ(プ) プラ(ム) ピー seventeen	**1/2** មួយភាគពីរ ムォイ ピャッ(ク) ピー a half	**7番目** ទី៧ ティープラ(ム) ピー seventh
18 ដប់ប្រាំបី ドッ(プ) プラ(ム) バイ eighteen	**1/3** មួយភាគបី ムォーイピャッ(ク) バイ one third	
19 ដប់ប្រាំបួន ドッ(プ) プラ(ム) ブォーン nineteen	**1/4** មួយភាគបួន ムォーイピャッ(ク) ブォーン one fourth	

ひとくちコラム

これが聞き取れれば上級者

カンボジアの数字の言い回しにもスラングがある。たとえば、11 (ドッ(プ) ムォーイ) は「ムォーイドンドップ」となり、7 (プラ(ム) ピー) は「プラ(ム) パル」、5 (プラ(ム)) は「ペァ(ム)」といったように、発音しにくい音を簡略化して、より言いやすくしてしまうことが多い。会話のなかでこれらの数字が聞き取れ、自分でも使えるようになれば上級者だ。

★1冊は១ក្បាល ムォーイクバー (ル)、1ケースは១ កេស ムォーイケッ、1袋は១ កញ្ចប់ ムォーイカンチョッ(プ)、5枚で10ドルは១០ដុល្លារ សំរាប់៥សន្លឹក ドッ(プ) ドラーソムラッ(プ) プラ(ム) ソンルッ(ク) という

時間と一日

ពេលវេលា និង សកម្មភាពប្រចាំថ្ងៃ
ペール ヴェーリァ ヌン サカマピァッ(プ) プロチャ(ム)トガイ
Time / Daily activities

今、何時ですか?
តើឥឡូវម៉ោងប៉ុន្មាន?
タウ エィロウ マオンボンマーン
What time is it now?

あと何分かかりますか?
តើត្រូវប្រើពេលប៉ុន្មាននាទីទៀត?
タウ トロウブラウベー(ル) ボンマンニァティー ティァッ(ト)
How many minutes does it take?

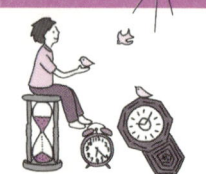

10時に集合です
យើងនឹងជួបគ្នានៅម៉ោង១០
ユーン ヌンチュー(プ) クニァ ヌー マオンドッ(プ)
We will meet at ten o'clock.

午前
ពេលព្រឹក
ペー(ル) プルック(ク)
morning (a.m.)

早朝
ព្រឹកព្រលឹម
プルッ(ク) プロル(ム)
early morning

朝
ព្រឹក
プルッ(ク)
morning

正午
ថ្ងៃ
トガイ
noon

0時	1時	2時	3時	4時	5時	6時	7時	8時	9時	10時	11時	12時

1時 ម៉ោងមួយទៀបភ្លឺ
マオンムオーイ ティァッ(プ) プルー
one a.m.

2時 ម៉ោងពីរទៀបភ្លឺ
マオンビー ティァッ(プ) プルー
two a.m.

3時 ម៉ោងបីទៀបភ្លឺ
マオンバイ ティァッ(プ) プルー
three a.m.

4時 ម៉ោងបួនទៀបភ្លឺ
マオンブォーン ティァッ(プ) プルー
four a.m.

5時 ម៉ោងប្រាំទៀបភ្លឺ
マオンプラ(ム) ティァッ(プ) プルー
five a.m.

6時 ម៉ោងប្រាំមួយទៀបភ្លឺ
マオンプラ(ム) ムオーイ ティァッ(プ) プルー
six a.m.

7時 ម៉ោងប្រាំពីរព្រឹក
マオンプラ(ム) ピー ブルッ(ク)
seven a.m.

8時 ម៉ោងប្រាំបីព្រឹក
マオンプラ(ム) バイ ブルッ(ク)
eight a.m.

9時 ម៉ោងប្រាំបួនព្រឹក
マオンプラ(ム) ブォーン ブルッ(ク)
nine a.m.

10時 ម៉ោងដប់ព្រឹក
マオンドッ(プ) ブルッ(ク)
ten a.m.

11時 ម៉ោងដប់មួយព្រឹក
マオンドッ(プ) ムオーイ ブルー
eleven a.m.

12時 ម៉ោងដប់ពីរថ្ងៃត្រង់
マオンドッ(プ) ビー トガイトロン
twelve a.m.

夜遊び
ដើរលេងយប់
ダウレーン ヨッ(プ)
night tour

日の出
ថ្ងៃរះ
トガイレァッ
sun rise

起床
ក្រោកពីគេង
クラオッ(ク) ビー ケーン
wake up

朝食
អាហារពេលព្រឹក
アーハー ペー(ル) ブルッ(ク)
breakfast

出勤
ទៅធ្វើការ
タウトブゥーカ
go to work

6時に起こしてください
សូមជួយដាស់ខ្ញុំនៅម៉ោងប្រាំមួយព្រឹក
ソームチューイ ダックニョム ヌー マオンプラ(ム) ムオーイ ブルッ(ク)
Please wake me up at six a.m.

駅まで何分ですか?
តើប្រើពេលប៉ុន្មាននាទីទើបដល់ស្ថានីយ៍?
タウ ブラウベー(ル) ボンマンニァティー トゥー(プ) ダル スターニー
How many minutes does it take to the station?

何時に着きますか?
តើម៉ោងប៉ុន្មានទើបយើងទៅដល់?
タウ マオンボンマーン トゥー(プ) ユーン タウダル
What time will we arrive?

10分後に会いましょう
ជួបគ្នាដប់នាទីក្រោយ
チュー(プ) クニァ ドッ(プ) ニァティークラオイ
We will meet after ten minutes.

○時
ម៉ោង○
マオン○
○ o'clock

○時間
ម៉ោង○
○マオン
○ hours

○分
○នាទី
○ニァティー
○ minutes

○秒
○វិនាទី
○ヴィニァティー
○ seconds

○分前
○នាទីមុន
○ニァティーモン
○ minutes before

○分後
○នាទីក្រោយ
○ニァティークラオイ
○ minutes after

45分
សែសិបប្រាំនាទី
サエサッ(プ)プラ(ム)ニァティー
forty five minutes

5分
ប្រាំនាទី
プラ(ム)ニァティー
five minutes

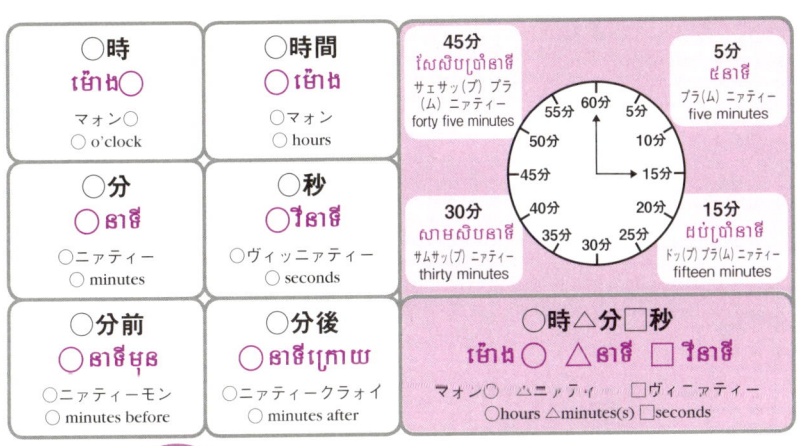

30分
សាមសិបនាទី
サムサッ(プ)ニァティー
thirty minutes

15分
ដប់ប្រាំនាទី
ドッ(プ)プラ(ム)ニァティー
fifteen minutes

○時△分□秒
ម៉ោង○ △នាទី □វិនាទី
マオン○ △ニァティ □ヴィニァティー
○hours △minutes(s) □seconds

昼
ថ្ងៃត្រង់
トガイトロン
afternoon

午後
ថ្ងៃរសៀល
トガイルシァ(ル)
afternoon (p.m.)

夕方
ល្ងាច
ルギェイ
evening

夜
យប់
ヨッ(プ)
night

深夜
ពាក់កណ្ដាលអធ្រាត្រ
ペアッ(ク)カンダール アトリアッ(ト)
mid night

| 13時 | 14時 | 15時 | 16時 | 17時 | 18時 | 19時 | 20時 | 21時 | 22時 | 23時 | 24時 |

13時
ម៉ោងមួយរសៀល
マオンムオーイ ルシァ(ル)
one p.m.

15時
ម៉ោងបីរសៀល
マオンバイ ルシァ(ル)
three p.m.

17時
ម៉ោងប្រាំល្ងាច
マオンプラ(ム) ルギェイ
five p.m.

19時
ម៉ោងប្រាំពីរយប់
マオンプラ(ム) ビーヨッ(プ)
seven p.m.

21時
ម៉ោងប្រាំបួនយប់
マオンプラ(ム) ブオンヨッ(プ)
nine p.m.

23時
ម៉ោងដប់មួយយប់
マオンドッ(プ) ムオーイ ヨッ(プ)
eleven p.m.

14時
ម៉ោងពីររសៀល
マオンピー ルシァ(ル)
two p.m.

16時
ម៉ោងបួនរសៀល
マオンブオン ルシァ(ル)
four p.m.

18時
ម៉ោងប្រាំមួយល្ងាច
マオンプラ(ム) ムオーイ ルギェイ
six p.m.

20時
ម៉ោងប្រាំបីយប់
マオンプラ(ム) バイ ヨッ(プ)
eight p.m.

22時
ម៉ោងដប់យប់
マオンドッ(プ) ヨッ(プ)
ten p.m.

24時
ម៉ោងដប់ពីរព្រាត្រ
マオンドッ(プ) ピー アトリアッ(ト)
twelve p.m.

昼食
អាហារថ្ងៃត្រង់
アーハー トガイトロン
lunch

おやつ
អាហារសម្រន់
アーハー ソムロン
coffee break

退社
ត្រឡប់ទៅផ្ទះ
トロロッ(プ) タウ プテァッ
go back to home

日没
ថ្ងៃលិច
トガイレイッ
sun set

夕食
អាហារពេលល្ងាច
アーハー ペー(ル) ルギェイ
dinner

就寝
ចូលគេង
チョー(ル) ケーン
go to bed

待合せ時間
ម៉ោងណាត់គ្នា
マオン ナッ(ト) クニア
meeting time

開店時間
ម៉ោងបើក
マオンバウッ(ク)
opening time

閉店時間
ម៉ោងបិទ
マオンバッ(ト)
closing time

寝坊
គេងជ្រុល
ケーンチュロル
oversleeping

遅刻
ការមកយឺត
カーモー(ク) ユッ(ト)
be late, late comer

徹夜
ពេញមួយយប់
ペンモイヨッ(プ)
all night

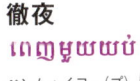

年、月、日、曜日

ឆ្នាំ, ខែ, ថ្ងៃខែ, ថ្ងៃ
チュナ(ム)、カェ、トガィカェ、トガィ
year, month, date, day

いつカンボジアに来ましたか？
តើអ្នកបានមកប្រទេសកម្ពុជាតាំងពីពេលណា？
タウネアッ(ク)　バーンモー(ク)　プロテェッカンプチァ　タンピーペールナー
When did you come to Cambodia?

月曜日です
កាលពីថ្ងៃច័ន្ទ
カールピー　トガィチャン
I came on Monday.

4月1日です
កាលពីថ្ងៃ១ខែមេសា
カールピー　トガィティームオーイ　カェメーサー
I came on April 1st.

いつまで滞在しますか？
តើអ្នកស្នាក់នៅឈ្មួរប៉ុណ្ណា？
タウネアッ(ク)　スナッ(ク)　ヌー　ユーパンナー
How long will you stay?

1月 មករា マカラー January	**7月** កក្កដា カッカッダー July	**月曜日** ច័ន្ទ チャン Monday
2月 កុម្ភៈ コンペァッ February	**8月** សីហា セイハー August	**火曜日** អង្គារ オンキァ Tuesday
3月 មីនា ミニァ(ミナー) March	**9月** កញ្ញា カンニャー September	**水曜日** ពុធ ポッ(ト) Wednesday
4月 មេសា メーサー April	**10月** តុលា トラー October	**木曜日** ព្រហស្បតិ៍ プロホァ Thursday
5月 ឧសភា ウッサッピァ May	**11月** វិច្ឆិកា ヴィチェッカー November	**金曜日** សុក្រ ソッ(ク) Friday
6月 មិថុនា ミトナー June	**12月** ធ្នូ トゥヌー December	**土曜日** សៅរ៍ サウ Saturday
		日曜日 អាទិត្យ アーティッ(ト) Sunday

1 2 3 4 5 6 7 8 9 10 11 12 13 14 15

車は何日必要ですか？
តើអ្នកត្រូវការឡានរយៈពេលប៉ុន្មានថ្ងៃ?
タウネァッ(ク) トゥルーカーラーン ロジャペー(ル) ポンマントガイ
How many days do you need a car?

○日間必要です
ខ្ញុំត្រូវការរយៈពេល○ថ្ងៃ
クニョ(ム) トゥルーカーヴィア ロジャペー(ル) ○トガイ
I need it for ○ days.

○日前	○カ月前	明日
○ថ្ងៃមុន	○ខែមុន	ថ្ងៃស្អែក
○トガイモン	○カェモン	トガイサアェッ(ク)
○ days ago	○ months ago	tomorrow

先月	去年	今年
ខែមុន	ឆ្នាំមុន	ឆ្នាំនេះ
カェモン	チュナ(ム) モン	チュナ(ム) ニッ
last month	last year	this year

来年	今月	来月
ឆ្នាំក្រោយ	ខែនេះ	ខែក្រោយ
チュナ(ム) クラォイ	カェニッ	カェクラォイ
next year	this month	next month

○年前	○日後	週
○ឆ្នាំមុន	○ថ្ងៃមុន	សប្តាហ៍
○チュナ(ム) モン	○トガイモン	サパダー
○ years ago	○ days ago	week

○カ月後	○年後	月
○ខែក្រោយ	○ឆ្នាំក្រោយ	ខែ
○カェクラォイ	○チュナ(ム) クラォイ	カェ
after ○ months	after ○ years	month

いつ ○○は何月(何日/何曜日)におこなわれますか？
វារៀបចំនៅខែប៉ុន្មាន (ថ្ងៃទីប៉ុន្មាន, ថ្ងៃអី) ?
○○トロウリッ(プ) チョム ヌーカェポンマン(トガイティーポンマン、トガイアィ)
Is ○○ held in month/ on date/ on day?

○月	○日 ➡P86(数字)	○曜日 ➡P90(曜日)
ខែ ○	ថ្ងៃទី ○	ថ្ងៃ ○
カェ○	トガイティー○	トガイ○
January - December	first, second, third, forth...	Monday - Sunday

きのう	きょう
ថ្ងៃម្សិលមិញ	ថ្ងៃនេះ
トガイマサルマン	トガイニッ
yesterday	today

年	半年
ឆ្នាំ	កន្លះឆ្នាំ
チュナ(ム)	コンラッチュナ(ム)
year	half a year

16 17 18 19 20 21 22 23 24 25 26 27 28 29 30 31

家族・友だち・人の性格

គ្រួសារ /មិត្តភក្តិ /ធ្លាស់ខ្លួន
クルーサー、マッ(ト)ペァッ、
プトァルクルーン
Family/Friends/Personality

あなたには○○はいますか？
តើអ្នកមាន○○ទេ?
タウネァッ(ク) ミェン○○テー
Do you have ○○?

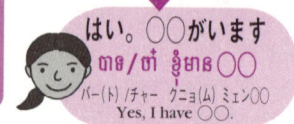

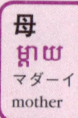

はい。○○がいます
បាទ/ចាំ ខ្ញុំមាន○○
バー(ト)/チャー クニョ(ム) ミェン○○
Yes, I have ○○.

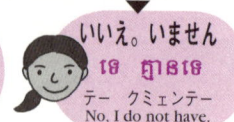

いいえ。いません
ទេ គ្មានទេ
テー クミェンテー
No, I do not have.

祖父 (父方)	祖母 (父方)	私の家族	祖父 (母方)	祖母 (母方)
ជីតា	ជីដូន	គ្រួសាររបស់ខ្ញុំ	ជីតា	ជីដូន
チーター	チードーン	クルーサーロボックニョ(ム)	チーター	チードーン
grandfather	grandmother	My family	grandfather	grandmother

叔父 (父の兄)	叔母 (父の姉)	伯父 (父の弟)	伯母 (父の妹)	叔父 (母の兄)	叔母 (母の姉)	伯父 (母の弟)	伯母 (母の妹)
អ៊ំប្រុស	អ៊ំស្រី	ពូ	មីង	អ៊ំប្រុស	អ៊ំស្រី	ពូ	មីង
オ(ム)ブロッ	オ(ム)スレイ	プー	ミン	オムブロッ	オムスレイ	プー	ミン
uncle	aunt	uncle	sunt	uncle	aunt	uncle	aunt

父	母
ឪពុក	ម្ដាយ
アゥボッ(ク)	マダーイ
fahter	mother

兄	姉	私 (男性) / 私 (女性)	弟	妹
បងប្រុស	បងស្រី	ខ្ញុំបាទ / នាងខ្ញុំ	ប្អូនប្រុស	ប្អូនស្រី
ボーンプロッ	ボーンスレイ	クニョ(ム)バー(ト) / ニァンクニョ(ム)	ボーンプロッ	ボーンスレイ
elder brother	elder sister	I (male) / I (female)	younger brother	younger sister

息子	娘	妻	夫	夫婦
កូនប្រុស	កូនស្រី	ប្រពន្ធ	ប្ដី	ប្ដីប្រពន្ធ
コーンプロッ	コーンスレイ	プロポン	プディ	プディプロポン
son	daughter	wife	husband	married couple

兄弟／姉妹	両親	子供
បងប្អូនប្រុស/បងប្អូនស្រី	ឪពុកម្ដាយ	កូន
ボーンボオーンプロッ/ボーンボオーンスレイ	アゥボッ(ク) マダーイ	コーン
brother/sister	parents	child

親戚	いとこ	孫
សាច់ញាតិ	បងប្អូនជីដូនមួយ	ចៅ
サイニァッ(ト)	ボーンボオーンチードーンムオーイ	チャウ
relative	cousin	grandchild

友だち
មិត្តភក្តិ
マッ(ト) ペアッ
friend

恋人
សង្សារ
ソンサー
boy friend/ girl friend

同級生
មិត្តរួមថ្នាក់
マッ(ト) ルームトナッ(ク)
classmate

親友
មិត្តល្អ
マッ(ト) ロァー
best friend

婚約者
គូដណ្ដឹង
クーダンダン
fiance

上司
ថៅកែ
タウケェ
boss

部下
កូនចៅ
コーンチャウ
subordinate personnel, follower

同僚
សហការី
サハカーリー
colleague

使える！ワードバンク 〔人の性格編〕

優しい	សុភាព	ソピァッ(プ)
厳しい	ហួសចត់	モッ(ト) チョッ(ト)
下品な	មិនសុភាព	マンソピァッ(プ)
上品な	សង្ហា	ソンハー
ケチな	មៅស្និត	マウスヴァッ(ト)
気前のいい	ចិត្តបាន	チェッ(ト) バーン
臆病な	កំសាក	コムサー(ク)
勇敢な	ក្លាហាន	クラハーン
魅力的な	គួរឱ្យទាក់ទាញ	クーアオイテァッ(ク) ティエン
感じのいい	ស្រួល	スルー(ル)
親切な	ចិត្តល្អ	チェッ(ト) ロァー
賢い	ឆ្លាត	チュラー(ト)

あなたは私の◯◯です
អ្នកជា ◯◯ របស់ខ្ញុំ
ネァッ(ク) チァ◯◯ロボックニョ(ム)
You are my ◯◯.

あなたは◯◯な人ですね
អ្នកពិតជា ◯◯
ネァッ(ク) ピッ(ト) チァ◯◯
You are very ◯◯.

◯◯な人が好きです
ខ្ញុំស្រលាញ់មនុស្ស ◯◯
クニョ(ム) スロランモヌッ◯◯
I like ◯◯ person.

ひとくちコラム
カンボジア人の性格
カンボジア人は柔和で温厚。人懐こくてお人よし、ホスピタリティに満ちている。そしてまた、その笑顔が素敵。でも、自分が失敗した時にもニヤッと笑ってごまかそうとするという部分もある、なんとも「憎めない人たち」だ。

●人の性格をあらわす単語

おしゃべりな
និយាយបំបាត់បំពេចច្រើន
ニィェイボッバイボッ
バォイチュラウン
talkative

消極的な
សុភាព
ソピァップ
passive

積極的な
រស់រវើក
ルッソロヴゥッ(ク)
active

明るい
រីករាយ
リッ(ク) リェイ
cheerful

もの静かな
ស្រគត់ស្រគុំ
スロコッ(ト) スロコム
reserved

男らしい
ពេញជាប្រុស
ペンチャブロッ
manly

女らしい
ពេញជាស្រី
ペンチャスレイ
lady-like

趣味、職業

ការកំសាន្ត និងអាជីព
カーコムサーン ヌンアチッ(プ)
Hobby and Occupation

あなたの趣味は何ですか？
តើការកំសាន្តរបស់អ្នកគឺជាអ្វី?
タウカーコムサーン ロボッネアッ(ク) クーチアヴァイ
What do you do in your free time?

旅行です。あなたは？
ខ្ញុំចូលចិត្តដើរទេសចរណ៍ ។ ចុះអ្នកវិញ?
クニョ(ム) チョールチェッ(ト) ダウテサチョー。チョッ ネアッ(ク) ヴェン
I like travelling. What about you?

音楽鑑賞	映画鑑賞	読書	漫画を読む
ការស្តាប់ភ្លេង	ការមើលកុន	ការអានសៀវភៅ	ការអានរឿងកំប្លែង
カースダッ(プ) プレーン	カームー(ル) コン	カーアーン シウパウ	カーアーン ルーンコンプレーン
listening to music	watching movie	reading books	reading comics

ショッピング	散歩	食べ歩き	ガーデニング
ការដើរទិញអីវ៉ាន់	ការដើរលេង	ការដើរញ៉ាំអាហារ	ការធ្វើសួន
カーダウティン エイヴァン	カーダウレーン	カーダウ ニャムアーハー	カートゥヴー スーン
shopping	walking	a tour of restaurants	gardening

写真	料理	テレビを観る	スポーツ観戦
ការថតរូប	ចំអិនម្ហូប	ការមើលទូរទស្សន៍	ការមើលកីឡា
カートー(ト) ルー(プ)	チョムアンマホープ	カームー(ル) トゥー(ル) トゥッ	カームー(ル) ケイラー
taking pictures	cooking	watching television	watching sports

ドライブ	水泳	サッカー	テニス
ការបើករថ	ហែលទឹក	បាល់ទាត់	លេងទីនីស
カーバウッ(ク) ボー	ハェルトゥッ(ク)	バルトアッ(ト)	レーンテニッ
driving	swimming	football	tennis

私はクメール語を習って（学んで）います
ខ្ញុំរៀនភាសាខ្មែរ
クニョ(ム) リェンピァサークマェ
I study Khmer language.

文学	芸術	哲学	法律
អក្សរសាស្ត្រ	សិល្បៈ	ទស្សនវិជ្ជា	ច្បាប់
アッソーサッ	サラパッ	トサナヴィッチァ	チュバッ(プ)
literature	art	philosophy	law

政治	医学	工学	コンピュータ
នយោបាយ	វិជ្ជាសាស្ត្រសុខាភិបាល	វិស្វកម្ម	កុំព្យូទ័រ
ヌヨバーイ	ヴィッチァサッ ソッカッピバー(ル)	ヴィスヴァカ(ム)	コンピュートァ
politics	medical Science	engineering	computer

お仕事は何ですか？
តើអ្នកប្រកបមុខរបរអ្វី?
タウネアッ(ク) プロコ(ブ) モッ(ク) ロボー アヴァイ
What is your occupation?

私は銀行員です
ខ្ញុំជាបុគ្គលិកធនាគារ
クニョ(ム) チア ボッカロッ(ク) トニァキア
I work for a bank.

教師 គ្រូបង្រៀន クルーボングリェン teacher

美容師 ជាងកាត់សក់ チァンカッ(ト) ソッ(ク) hair dresser

調理師 មេចុងភៅ メーチョンパウ chef

運転手 អ្នកបើកបរ ネアッ(ク)バウッ(ク)ボー driver

医師 គ្រូពេទ្យ クルーペー(ト) doctor

看護士 គិលានុបដ្ឋាយិកា キリェヌノバタジカー nurse

販売員 អ្នកលក់ ネアッ(ク)ロッ(ク) seller

ウエイター/ウエイトレス អ្នកបំរើអាហារ ネアッ(ク) ボムラゥアーハー waiter, waitress

弁護士 មេធាវី メティヴィー lawyer

会計士 គណនេយ្យករ キャナネイヤコー accountant

記者 អ្នកយកព័ត៌មាន ネアッ(ク) ヨーポーダミェン reporter, journalist

私は○○関係の会社で働いています
ខ្ញុំធ្វើការនៅក្រុមហ៊ុនខាង○○
クニョ(ム) トヴーカーヌークロムホンカーン○○
I work for a ○○ company.

秘書 លេខា レーカ secretary

金融 ហិរញ្ញវត្ថុ ヘーロ(ニュ) ヴァット financial

アパレル សំលៀកបំពាក់ ソムリャッ(ク) ボンペアッ(ク) apparel

マスコミ សារព័ត៌មាន サーポーダミェン mass media

医療 សេវាសុខាភិបាល セーヴァーソッカビバー(ル) medical service

IT ព័ត៌មានវិទ្យា ポーダミェンヴィッチァ Information Technology

食品 អាហារ アーハー food

使える！ワードバンク　職業編

農家	កសិករ	カセコー
漁師	អ្នកនេសាទ	ネアッ(ク) ネサー(ト)
自営業	បើកហាងខ្លួនឯង	バッ(ク) ハン クル ニアェン
経営者	ពាណិជ្ជករ	ペネチコー
フライトアテンダント	អ្នកបំរើ (អ្នកបំរើនៅក្នុងយន្តហោះ)	ネアッ(ク) オーテッ(ネアッ(ク) ボムラゥクノンユンホッ)
画家	ជាងគំនូរ	チァンコムヌォー
スポーツ選手	កីឡាករ	ケイラーコー
コンサルタント	ទីប្រឹក្សា	ティープル(ク) サー
デザイナー	អ្នកឌីហ្សាញ	ネアッ(ク) ディザ(ニュ)
エンジニア	វិស្វករ	ヴィスヴァコー
通訳	អ្នកបកប្រែ	ネアッ(ク) ボップラェ

自然、動植物と ふれあおう

សួស្តី ទៅតេយកគន់ទេសភាពធម្មជាតិ!
トッ タウコーイコンテサ ピャッ(プ) トァンマチャッ(ト)
Let's get in touch with nature!

いいお天気ですね
វាគឺជាថ្ងៃល្អ,ពិតមែនទេ?
ヴィアクーチァトガイロー　プッ(ト)メーンテー
It's a nice day, isn't it?

あの動物は何ですか？
តើនោះជាសត្វអ្វី?
タウヌッチァサッ(ト) アヴァイ
What is that animal?

太陽
ព្រះអាទិត្យ
プレアアーティッ(ト)
sun

雲
ពពក
ポポー(ク)
cloud

虹
ឥន្ទធនូ
アンタヌー
rainbow

山
ភ្នំ
プノ(ム)
mountain

空
មេឃ
メー(ク)
sky

カラス
ក្អែក
ロギァウ
crow

谷
ជ្រលងភ្នំ
チョロローンプノ(ム)
valley

森
ព្រៃឈើ
プレイチュー
woods/jungle

スズメ
សត្វចារ
サッ(ト) チャー(プ)
sparrow

田んぼ
វាលស្រែ
ヴィア(ル) スラェ
rice field

トラ
សត្វខ្លា
サッ(ト) クラー
tiger

ハト
សត្វព្រាប
サッ(ト)プリァッ(プ)
dove

シカ
សត្វក្តាន់
サッ(ト) クダン
deer

ゾウ
សត្វដំរី
サッ(ト) ドムライ
elephant

水牛
ក្របី
クロバイ
water buffalo

犬
ឆ្កែ
チュカェ
dog

猫
ឆ្មា
チュマー
cat

池
ស្រះ
スラッ
pond

ハス
ផ្កាឈូក
プカーチュー(ク)
lotus

ヤギ
ពពែ
ポペー
goat

晴れ	雨	曇り	雷
មានថ្ងៃ	ភ្លៀង	ពពកច្រើន	ផ្គររលាន់
ミェントガイ	プリェン	ポポー(ク) チュラゥン	プコーロァン
sunny	rainy	cloudy	thunder/lightning

台風	洪水	霧	暑い
ព្យុះសង្ឃរា	ទឹកជំនន់	អ័ព្រ	ក្ដៅ
プシュッサンカリァ	トゥッ(ク) チョムノン	アッ(プ)	クダゥ
typhoon	flood	fog	hot

寒い	暖かい	涼しい	動物
ត្រជាក់	កក់ក្ដៅល្មម	ត្រជាក់	សត្វពាហនៈ
トロチァッ(ク)	クダゥロモー(ム)	トロチァッ(ク)	サッ(ト) ピゥハノ
cold	warm	cool	animal

鳥	魚	昆虫	植物
សត្វស្លាប	ត្រី	សត្វល្អិត	រុក្ខជាតិ
サッ(ト) スラー(プ)	トレィ	サッ(ト) ロァッ(ト)	ロッカチァッ(ト)
bird	fish	insect	plant

ボート ទូក トゥー(ク) boat
ワニ ក្រពើ クロパゥ crocodile
ヘビ ពស់ ポッ snake
川 ទន្លេ トンレー river
ナマズ ត្រីអណ្ដែង トレィオンデェン catfish
高床式住居 ផ្ទះឈើសង់ខ្ពស់ プティァフ ソン クポッ raised-floor house
カメ អណ្ដើក オンダゥッ(ク) turtle
湖 បឹង ブン lake

使える！ワードバンク 自然編

海	សមុទ្រ サモッ(ト)
岬	ច្រោយ チュローイ
湾	ឈូងសមុទ្រ チューンサモッ(ト)
マングローブ	ដើមកោងកាង ダゥ(ム) カオンカーン
ネズミ	កណ្ដុរ コンドゥ(ル)
ヤモリ	ជិងចក់ チンチョッ
トッケー	តុកកែ トッカェ
カニ	ក្ដាម クダー(ム)
エビ	បង្គា ボンカァ
ホタル	អំពិលពែក オンパルペー(ク)
クモ	ពីងពាង ピンピァン
カニ	ក្ដាម クダー(ム)
ハエ	រុយ ロイ
トンボ	កន្ទំរុយ コントムロイ
チョウチョ	មេអំបៅ メーオンパウ
セミ	សត្វផ្លៃ サッ(ト) フライ
木	ឈើ チュー
森林	ព្រៃឈើ プレイチュー

訪問しよう

ទៅលេងផ្ទះ
タゥレーンプテァッ
Visiting someone's house.

わが家へ遊びに来てください
សូមអញ្ជើញមកលេងផ្ទះខ្ញុំ
ソームアンチューン モー(ク) レーン プテァックニョ(ム)
Please come to visit our house.

ありがとう。伺います
អរគុណ,ខ្ញុំនឹងទៅ
オークン クニョ(ム) ヌンタゥ
Thank you, I will.

残念ですが、用事があります
សុំទោស,ខ្ញុំមានការរវល់
ソムトッ クニョ(ム) ミェンカープセーン
Unfortunately, I have another appointment.

すてきなお宅ですね
ផ្ទះអ្នកស្អាតម្លេះ
プテァッアィコー サァーッ(ト) マレッ
What a beautiful house.

日本のおみやげです
នេះជាវត្ថុអនុស្សាវរីយ៍របស់ជប៉ុន
ニッチャ ヴァットッアヌサヴリー ロボッチョーポン
This is a Japanese souvenir.

マンション
ខុនដូ
コンドー
condominium

アパート
ផ្ទះល្វែងជួល
プテァッ ロヴェーンチュー(ル)
apartment house

一戸建て
ផ្ទះវីឡា
プテァッ ヴィラー
detached house

●部屋の内部

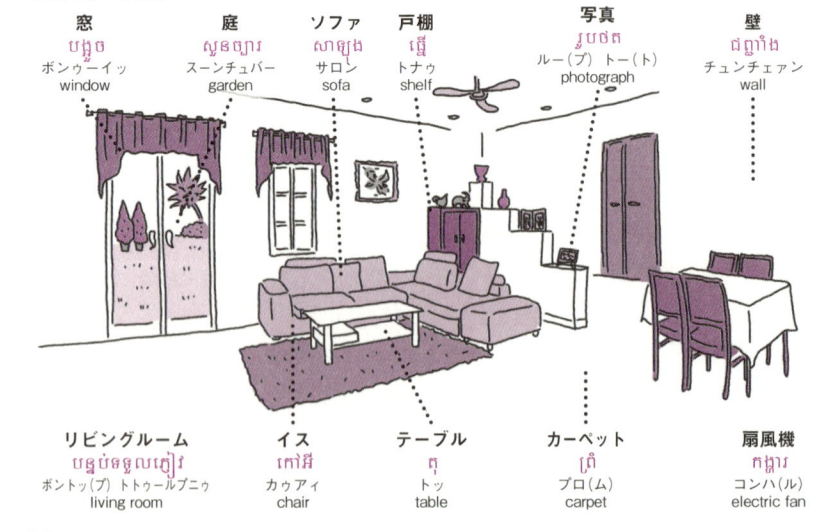

窓 បង្អួច ボンウーイッ window
庭 សួនច្បារ スーンチュバー garden
ソファ សាឡុង サロン sofa
戸棚 ធ្នើរ トナゥ shelf
写真 រូបថត ルー(プ) トー(ト) photograph
壁 ជញ្ជាំង チュンチェァン wall

リビングルーム បន្ទប់ទទួលភ្ញៀវ ボントッ(プ) トトゥールプニゥ living room
イス កៅអី カゥアィ chair
テーブル តុ トッ table
カーペット ព្រំ プロ(ム) carpet
扇風機 កង្ហារ コンハ(ル) electric fan

たくさん食べてください
ញុំឲ្យបានច្រើនៗទៅ
ニャ(ム)アオイバーン チュラウンチュラウン タウー
Please have as much as you like.

おいしいです
ឆ្ងាញ់
チュガ(ニュ)
It's tasty.

おかわりはいかがですか？
បុះញុំម្ហូបទៀតតេ?
チョッ ニャムマチャーン ティアットテー
How about another dish?

いただきます
បាទ/ចាស់,អរគុណ
バー(ト)/チャー、オークン
Yes, thank you.

トイレを貸してください
សូមប្រើបន្ទប់ទឹកបានទេ?
ソームブラウ ボントッ(プ) トゥッ(ク) バーンテ
May I use your bathroom?

お腹がいっぱいです
ខ្ញុំផ្អែតណាស់
クニョ(ム) チュアエッ(ト) ナッ
I'm full.

そろそろ帰ります
ខ្ញុំសូមត្រឡប់ទៅវិញ
クニョ(ム) ソーム トロロッ(プ) タウヴェン
I need to get goin.

とても楽しかったです
ខ្ញុំសប្បាយណាស់
クニョ(ム) サバーイナッ
I enjoyed very much.

今日はご招待ありがとうございました
អរគុណចំពោះការអញ្ជើញរបស់ខ្ញុំថ្ងៃនេះ
オークンチョンポッ カーアンチューンクニョ(ム) クノントガイニッ
Thank you for your invitation today.

今度、わが家にも遊びにきてください
លើកក្រោយសូមមកលេងផ្ទះខ្ញុំផង
ルーククラオイ ソームモー(ク) レーン プテアックニョ(ム) マドーン
Please come to my house next time.

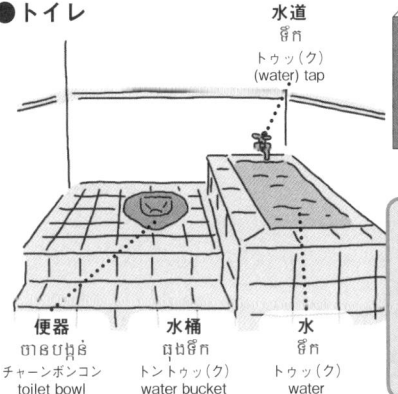

● トイレ

水道
ទឹក
トゥッ(ク)
(water) tap

便器
ចានបង្គន់
チャーンボンコン
toilet bowl

水桶
ធុងទឹក
トントゥッ(ク)
water bucket

水
ទឹក
トゥッ(ク)
water

ひとくちコラム
出されたものはひと口食べて
人の家を訪ねると、さっとヤシのジュースを出してくれたり、ゴザを敷いてくれたりする、カンボジアの人々。特に地方では、遠慮して座らなかったり、出されたものに手をつけなかったりすると、逆に失礼な人だと思われてしまうので、時間が許す限りは座って出されたものをいただこう。

使える！ワードバンク　ハウス編

1階	ជាន់ទី១	チョアンティームオーイ
2階	ជាន់ទី២	チョアンティーピー
台所	ផ្ទះបាយ	プテアッバーイ
玄関	ប្រវេសន	トヴィャァジョ(ル)
階段	ជណ្ដើរ	チョンダウ
屋根	ដំបូល	ドンボー(ル)

動詞、疑問詞

កិរិយាសព្ទ សំនួរ
ケーリヤサッ(プ) ソムヌォー
Verb Interrogative

今日、時間がありますか？
តើអ្នកទំនេរទេថ្ងៃនេះ?
タウネアッ(ク) トムネーテー トガイニッ?
Are you free today?

映画に行きませんか？
ទៅមើលកុន
トッ タゥムー(ル) コン
Let's go see a movie.

ごめんなさい、行けません
សុំទោស ខ្ញុំទៅមិនបានទេ
ソムトッ クニョムタゥマンバーンテー
Sorry, but I can't.

いいですよ。どこで待ち合わせますか？
បាន តើជួបគ្នានៅកន្លែងណា?
バーン、タゥチュー(プ) クニァヌーコンレンナー
Sounds good. Where and when do you want to meet?

18時に○○ホテルで待っています
ខ្ញុំនឹងរាំចាំនៅឯសណ្ឋាគារ○○ នៅម៉ោងដប់ប្រាំបី
クニョ(ム)ヌンチャム ヌーアェサンターキァ ヌーマオンブラ(ム) ムォーイルギェイ
How about six p.m. at ○○hotel.

少し時間に遅れるかもしれません
ខ្ញុំប្រហែលជាយឺតបន្ដិចហើយ
クニョ(ム) プロハェルチァ ユッ(ト) ボンテイッ
I might be a little late.

了解しました
អត់បញ្ហាទេ
オッパンニャハーテー
Got it./ No problem.

遅れる場合は、私の携帯に電話をください
បើអ្នកយឺត សូមទូរស័ព្ទដៃរបស់ខ្ញុំ
バゥネアッ(ク) ユッ(ト) ソムテータウ トゥールサッ(プ) ダイ ロボックニョ(ム)
If you are late, please call my mobile phone.

いくら？/いくつ？	いつ？	どこで？/どこに？
ថ្លៃប៉ុន្មាន?	ពេលណា?	កន្លែងណា?
トライポンマン	ペールナー	コンレンナー
How much?	When?	Where?

だれ？	何/何を？	どうやって？
អ្នកណា?	អ្វី?	យ៉ាងម៉េច?
ネアッ(ク) ナー	サァィ	ヤーンマイッ
Who?	What?	How?

なぜ？	どこへ？	どれ？
ហេតុអ្វី?	ទៅណា?	មួយណា?
ハェッ(ト) アヴァィ	タゥナー	ムォーイナー
Why?	Where to?	Which one?

日本語	クメール語	カタカナ読み	English
見る	មើល	ムー(ル)	watch
飲む	ផឹក	パッ(ク)	drink
泊まる	ស្នាក់នៅ	スナッ(ク) ヌー	stay (at hotel)
買う	ទិញ	ティン	buy
行く	ទៅ	タウ	go
来る	មក	モー(ク)	come
乗る	ជិះ	チッ	ride
降りる	ចុះ	チョッ	get off
観る	មើល	クー(ニュ)	see
探す	រក	ロ(ク)	look for / search
座る	អង្គុយ	オンクイ	sit
立つ	ឈរ	チョー	stand
話す	និយាយ	ニイェイ	speak
書く	សរសេរ	ソーセー	write
読む	អាន	アーン	read
確認する	បញ្ជាក់	バンチャッ(ク)	confirm
目覚める	ភ្ញាក់	プニャッ(ク)	wake up
寝る	ដេក	デー(ク)	sleep
歩く	ដើរ	ダウ	walk
止まる	ឈប់	チョッ(プ)	stop
入る	ចូល	チョー(ル)	enter
出る	ចេញ	チェーニュ	leave
もらう	ទទួល	トゥトゥール	receive
あげる	អោយ	アオイ	give
上げる	ដាក់	ダッ(ク)	put up
下げる	ទំលាក់	トムレアッ(ク)	take down
押す	រុញ	ロ(ニュ)	push
引く	ទាញ	ティエン	pull
休む	សំរាក	ソムラ(ク)	rest
走る	រត់	ロッ(ト)	run

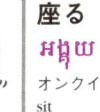

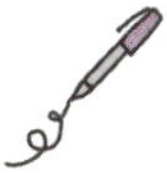

使える！ワードバンク 基本フレーズ編

～してください	សូម～	ソーム～
～してもいいですか？	តើអាចធ្វើ～ បានទេ？	タウアーイ トゥヴー～ バーンテー？
～をしたいのですが	ខ្ញុំចង់ធ្វើ～	クニョ(ム) チョントゥヴー～
もう○○した	ខ្ញុំបានធ្វើ○○រួចហើយ	クニョ(ム) バーントゥヴー○○ ルーイハオイ
まだ○○している	ខ្ញុំកំពុងធ្វើ○○	クニョ(ム) コンポンテェ○○
まだ○○していない	ខ្ញុំមិនទាន់បានធ្វើ○○នៅឡើយទេ	
	クニョ(ム) マントァンバーントゥヴー○○ ヌーラウイテー	

反意語、感情表現

ពាក្យផ្ទុយ/ពាក្យបរិយាយ
ピァッ(ク)プトイ、ピァッ(ク)ロ(ム)ブーブ
Opposites/ Emotional words

とっても◯◯です
វាពិតជា ◯◯
ヴィア プッチア ◯◯
It is very ◯◯.

それほど◯◯ではありません
វាមិនសូវ ◯◯ ទេ
ヴィア マンソウ ◯◯ テー
It is not so ◯◯.

日本語	クメール語	発音	英語		日本語	クメール語	発音	英語
(値段が)高い	ថ្លៃ	トライ	expensive	↔ (値段が)安い	ថោក	タォッ(ク)	cheap	
暑い	ក្ដៅ	クダウ	hot	↔ 寒い	ត្រជាក់	トロチァッ	cold	
多い	ច្រើន	チュラウン	many	↔ 少ない	តិច	テイッ	a few	
新しい	ថ្មី	トマイ	new	↔ 古い	ចាស់	チャッ	old	
広い	ធូលាយ	トゥーリェイ	wide	↔ 狭い	ចង្អៀត	チョンイェッ(ト)	narrow	
長い	វែង	ヴェーン	long	↔ 短い	ខ្លី	クレイ	short	
(高さが)高い	ខ្ពស់	クポッ	high	↔ (高さが)低い	ទាប	ティアッ(プ)	low	
重い	ធ្ងន់	トゴン	heavy	↔ 軽い	ស្រាល	スラー(ル)	light	
遠い	ឆ្ងាយ	チュガーイ	far	↔ 近い	ជិត	チッ(ト)	near	
早い	លឿន	ルーン	fast	↔ 遅い	យឺត	ユッ(ト)	slow	
静かな	ស្ងាត់	スガッ(ト)	quiet	↔ うるさい	ឪអរ	ウーオー	noisy	
難しい	ពិបាក	ピバー(ク)	difficult	↔ 簡単な	ស្រួល	スルー(ル)	easy	
よい	ល្អ	ロー	good	↔ 悪い	អាក្រក់	アークロッ(ク)	bad	
明るい	ភ្លឺ	プルー	bright	↔ 暗い	ងងឹត	ゴーグッ(ト)	dark	

キレイだと思います

ខ្ញុំគិតថា ស្អាត ។
クニョ(ム) クッター ヴィアスァー(ト)
I think, it's beautiful.

楽しい	
សប្បាយ	
サバーイ	
fun	

寂しい	悲しい	つまらない	すばらしい
ឯកោ	ពិបាកចិត្ត	អុញ	អស្ចារ្យ
アェカォ	ピバッ(ク) チェッ(ト)	ト(ニュ)	オーチャー
lonely	sad	boring	wonderful

おもしろい	退屈だ	疲れた	残念だ
ល្អមើល	អផ្សុក	ហត់	សិយ
ロォームー(ル)	オプソッ(ク)	ホッ(ト)	ノ・イ
interesting	boring	tired	unfortunate

かわいい	かっこいい	(景色が) きれい
គួរអោយស្រឡាញ់	សង្ហារ	ស្អាត
クーアォイスロラン	ソンハー	スァー(ト)
pretty	cool	beautiful (scenery)

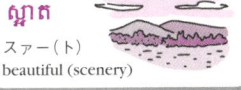

(人や物が) きれい	変だ	どうしよう！
ស្រស់ស្អាត	ចំឡែក	តើខ្ញុំគួរធ្វើ!
スロッスァー(ト)	チョムラェッ(ク)	タウクニョ(ム) クートヴゥー
beautiful (person)	strange	What should I do!

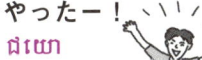

やったー！	すごい！	えっ!?
ជយោ	វ៉ាវ!	ស្អីបឺង?
チョヨー	ワウ	サァイナン
I did it!	Wow!	What?

香りのいい	くさい
ក្រអូប	ស្អុយ
ツロオー(プ)	スォイ
good smell	stink

強い	弱い
ខ្លាំង	ខ្សោយ
クラン	クサォイ
strong	weak

熱い	冷たい
ក្តៅ	ត្រជាក់
クダゥ	トロチァッ
hot	cold

使える！ワードバンク 〈形容詞編〉

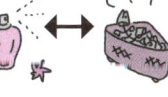

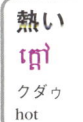

暖かい	ក្តៅឧណ្ហៗ	クダゥオンオン
涼しい	ត្រជាក់ខ្លីង	トロチァックラン
深い	ជ្រៅ	チュラウ
浅い	រាក់	レアッ(ク)
老いた	ចាស់	チャッ
若い	ក្មេង	クメーン
清潔な	អនាម័យ	アナーマイ
汚い	កខ្វក់	コクヴォッ(ク)
太っている	ធាត់	トァッ(ト)
やせている	ស្គម	スコー(ム)
頭のよい	ឆ្លាត	チュラー(ト)
無知な	ល្ងង់	ロゴン

体、体調

សរីរៈ, លក្ខណរាងកាយ
セライレァ、レッカンリャンカーイ
Body, Physical condition

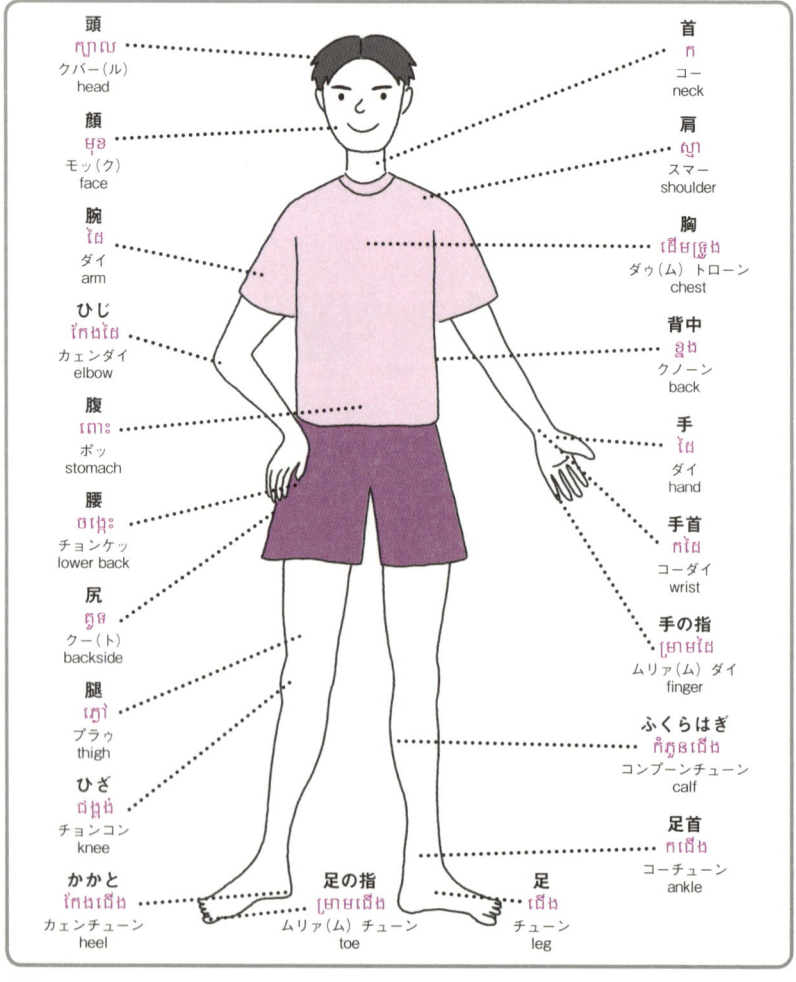

○○にケガをしました
ខ្ញុំឈឺ ○○
クニョ(ム) チュー○○
I hurt my ○○.

○○が痛みます
○○ ឈឺ
○○チュー
My ○○ aches.

頭 ក្បាល クバー(ル) head

顔 មុខ モッ(ク) face

腕 ដៃ ダイ arm

ひじ កែងដៃ カェンダイ elbow

腹 ពោះ ポッ stomach

腰 ចង្កេះ チョンケッ lower back

尻 គូទ クー(ト) backside

腿 ភ្លៅ プラウ thigh

ひざ ជង្គង់ チョンコン knee

かかと កែងជើង カェンチューン heel

足の指 ម្រាមជើង ムリァ(ム) チューン toe

足 ជើង チューン leg

首 ក コー neck

肩 ស្មា スマー shoulder

胸 ដើមទ្រូង ダゥ(ム) トローン chest

背中 ខ្នង クノーン back

手 ដៃ ダイ hand

手首 កដៃ コーダイ wrist

手の指 ម្រាមដៃ ムリァ(ム) ダイ finger

ふくらはぎ កំភួនជើង コンプーンチューン calf

足首 កជើង コーチューン ankle

顔・手

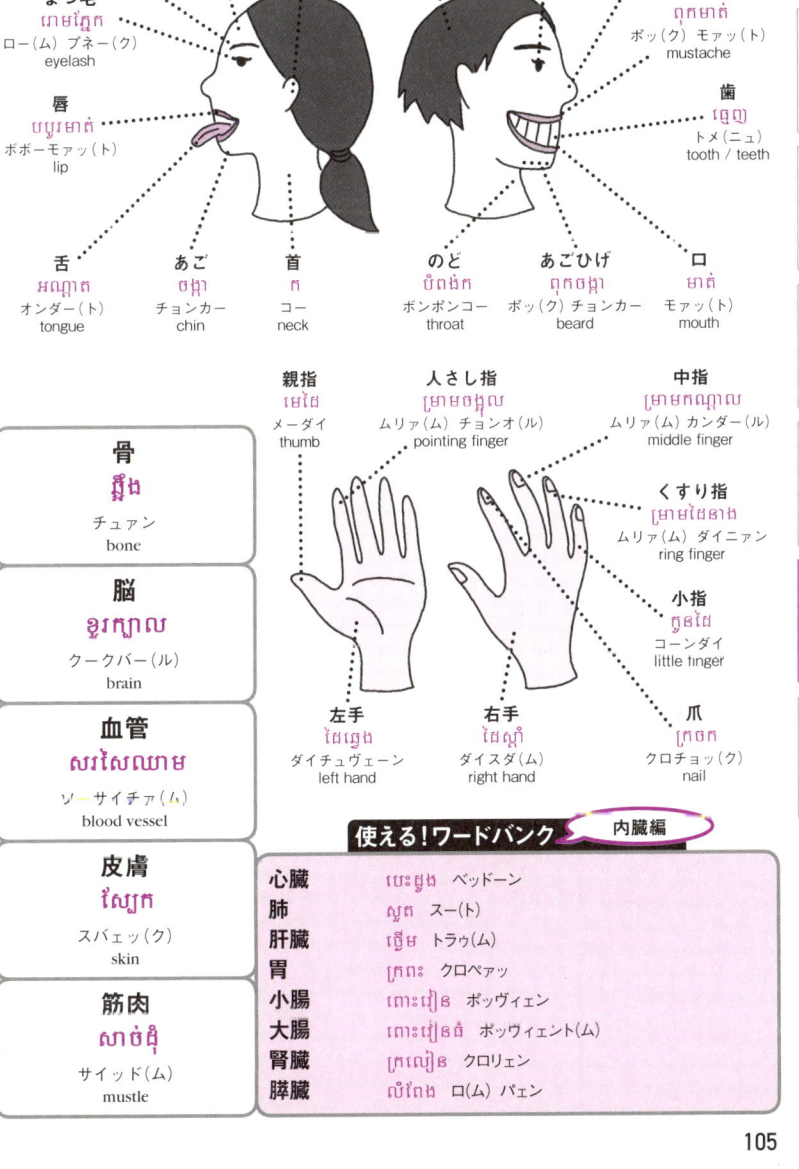

日本語	クメール語	カタカナ / English
まゆ毛	ចិញ្ចើម	チェンチャゥ(ム) / eyebrow
額	ថ្ងាស	トガッ / forehead
耳	ត្រចៀក	トロチァッ / ear
髪	សក់	ソッ(ク) / hair
目	ភ្នែក	プネー(ク) / eye
鼻	ច្រមុះ	チョロモッ / nose
まつ毛	រោមភ្នែក	ロー(ム) プネー(ク) / eyelash
口ひげ	ពុកមាត់	ポッ(ク) モァッ(ト) / mustache
唇	បបូរមាត់	ボボーモァッ(ト) / lip
歯	ធ្មេញ	トメ(ニュ) / tooth / teeth
舌	អណ្ដាត	オンダー(ト) / tongue
あご	ចង្ការ	チョンカー / chin
首	ក	コー / neck
のど	បំពង់ក	ボンポンコー / throat
あごひげ	ពុកចង្ការ	ポッ(ク) チョンカー / beard
口	មាត់	モァッ(ト) / mouth
親指	មេដៃ	メーダイ / thumb
人さし指	ម្រាមចង្អុល	ムリァ(ム) チョンオ(ル) / pointing finger
中指	ម្រាមកណ្ដាល	ムリァ(ム) カンダー(ル) / middle finger
くすり指	ម្រាមដៃនាង	ムリァ(ム) ダイニァン / ring finger
小指	កូនដៃ	コーンダイ / little finger
左手	ដៃឆ្វេង	ダイチュヴェーン / left hand
右手	ដៃស្ដាំ	ダイスダ(ム) / right hand
爪	ក្រចក	クロチョッ(ク) / nail

日本語	クメール語	カタカナ / English
骨	ឆ្អឹង	チュアン / bone
脳	ខួរក្បាល	クークバー(ル) / brain
血管	សរសៃឈាម	ソーサイチァ(ム) / blood vessel
皮膚	ស្បែក	スバェッ(ク) / skin
筋肉	សាច់ដុំ	サイッド(ム) / mustle

使える！ワードバンク 〈内臓編〉

心臓	បេះដូង	ベッドーン
肺	សួត	スー(ト)
肝臓	ថ្លើម	トラゥ(ム)
胃	ក្រពះ	クロペァッ
小腸	ពោះវៀន	ポッヴィェン
大腸	ពោះវៀនធំ	ポッヴィェント(ム)
腎臓	ក្រលៀន	クロリェン
膵臓	លំពែង	ロ(ム) ペェン

病気、ケガ

ជំងឺ / របួស
チョムグー / ロブッ
Sickness / Injury

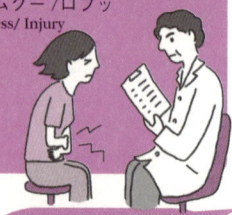

病院へ連れて行ってください
សូមជួយយកខ្ញុំទៅមន្ទីរពេទ្យ
ソームチューイヨー(ク) クニョ(ム) タウ モンティーペー(ト)
Please take me to a hospital.

ここが痛いです
ឈឺត្រង់នេះ
チュートロンニッ
It hurts right here.

熱があります
ខ្ញុំក្តៅ
クニョ(ム) クロン
I have a fever.

だるいです
ខ្ញុំខ្សោយខ្លួន
クニョ(ム) クサオイクルーン
I am weak.

寒気がします
ខ្ញុំរងាញាក់
クニョ(ム) ロギャニャッ(ク)
I have the chills.

息苦しいです
ខ្ញុំមិនអាចដកដង្ហើមបាន
クニョ(ム) マンアーイ ドー(ク) ドンハウ(ム) バーン
I can't breathe.

吐き気がします
ខ្ញុំចង់ក្អួត
クニョ(ム) チョングウーッ(ト)
I am nauseous.

風邪	下痢	胃腸炎	肺炎
ផ្តាសាយ	រាគ	រោគក្រពះ	រលាកសួត
プダサーイ	リャッ(ク)	ロー(ク) クロペァ	ロリャッ(ク) スー(ト)
cold	diarrhea	stomach infection	pneumonia

熱中症	疲労	盲腸炎	消化不良
ឧស្ម័ន	អស់កម្លាំង	រលាកខ្នែងពោះវៀន	បញ្ហាការរំលាយអាហារ
クチョー(ル) コー	オッコムラン	ロリャッ(ク) クネンポッヴィエン	バンニャハー カーロムリェアーハー
heat stroke	fatigue	appendicitis	digestion problems

打撲	ねんざ	骨折	やけど
ស្នាមជាំ	គ្រេច	បាក់ឆ្អឹង	រលាក
スナー(ム) チョア(ム)	クレイッ	バッ(ク) チュアン	ロリャッ(ク)
bruise	sprain	broken bone	burn

私はアレルギー体質です	旅行者保険に入っています
ខ្ញុំប្រតិកម្មស្បែក	ខ្ញុំមានធានារ៉ាប់រងធ្វើដំណើរ
クニョ(ム) プロテカ(ム) スバェッ(ク)	クニョ(ム) ミェン ティアニァラッ(プ) ローン トゥヴードムナウ
I have allergies.	I have travel insurance.

妊娠中	糖尿病	高血圧	低血圧
មានផ្ទៃពោះ	ទឹកនោមផ្អែម	សម្ពាធឈាមខ្ពស់	សម្ពាធឈាមទាប
ミェンプテイポッ	トゥッ(ク) ノー(ム) パァェ(ム)	ソンピャッ(ト) チァ(ム) クポッ	ソンピャッ(ト) チァ(ム) ティァッ(プ)
pregnant	diabetes	high blood pressure	low blood pressure

日本語のできる医者はいますか？
តើមានគ្រូពេទ្យដែលចេះនិយាយភាសាជប៉ុនទេ?

タウミェンクルーペー(ト) ダェルチェッニイェイ ピァサーチョーポンテー
Is there a doctor that can speak Japanese?

どうしましたか？
តើមានបញ្ហាអ្វី?

タウミェン パンニャハーアヴァイ
What's wrong?

処方箋を出します
ខ្ញុំនឹងចេញវេជ្ជបញ្ជាឲ្យ

クニョ(ム) ヌンチェン ヴェッチァパンチァアオイ
I'll write you a prescription.

お腹を見せてください
ឲ្យខ្ញុំមើលពោះមើល

アオイクニョ(ム) ムー(ル) ポッハー(ル)
Show me your stomach.

注射	点滴	湿布	手術
ចាក់ថ្នាំ	ផ្សេរសារុំ	ក្រណាត់រុំស្និ	វះកាត់
チャッ(ク) トナ(ム)	チューッサロ(ム)	クロナッ(ト) ロ(ム) スォ(ム)	ヴェアカッ(ト)
injection	IV	compress	operation

風邪薬	解熱剤	鎮痛剤
ថ្នាំផ្តាសាយ	ថ្នាំកូនក្តៅ	ថ្នាំបំបាត់ការឈឺចាប់
トナ(ム) プダサーイ	トナ(ム) クロンクダゥ	トナ(ム) ボンバッ(ト) チューチャッ(プ)
cold medicine	fever medication	pain medication

胃薬	抗生物質	座薬
ថ្នាំក្រពះ	អង់ទីប៊ីយ៉ូទិក	ថ្នាំសុលគូទ
トナ(ム) クロペァ	オンティビヨテッ(ク)	トナ(ム) ソルクー(ト)
stomach medicine	antibiotic	suppository

薬は1日に何回飲むのですか？
តើលេបថ្នាំនេះប៉ុន្មានដងក្នុងមួយថ្ងៃ?

タゥ レー(プ) トナ(ム) ニッ ポンマンドーン クノンムォーイトガイ
How many times a day should I take this?

1日2回飲みなさい
២ដងក្នុង១ថ្ងៃ

ピードーン クノンムォーイトガイ
Twice a day

食前
មុនញ៉ាំអាហារ

モンニャ(ム) アーハー
before eating

食後
ក្រោយញ៉ាំអាហាររួច

クラオイニャ(ム) アーハールーイ
after eating

使える！ワードバンク 病院編

病院	មន្ទីរពេទ្យ モンティーペー(ト)
医師	គ្រូពេទ្យ クルーペー(ト)
看護士	គិលានុបដ្ឋាយិកា キリェンノパタジカー
内科	ផ្នែកក្នុង プナェ(ク) クノン
外科	ផ្នែកវះកាត់ プノェ(ク) ヴェアカッ(ト)
眼科	ផ្នែកពុទ្ធកសាស្រ្ត プナェ(ク)チァッコロー(ク)サッ
歯科	វិជ្ជាទន្តពេទ្យ ヴィッチァトンペー(ト)

事故、トラブル

គ្រោះថ្នាក់ / បញ្ហា
クルットナッ(ク) /バンニャハー
Accident / Trouble

○○をなくしました
ខ្ញុំបាត់ ○○
クニョ(ム) バッ(ク) ○○
I've lost my ○○.

○○を盗まれたようです
ខ្ញុំគិតថាមានគេលួច ○○របស់ខ្ញុំហើយ
クニョ(ム) クッター ミェンケールーイ○○ ロボックニョ(ム) ハオイ
I think my ○○ was stolen.

お金 លុយ ロイ money		**パスポート** លិខិតឆ្លងដែន リッカッ(ト) チョローンデェン passport
財布 កាបូបលុយ カボー(プ) ロイ wallet	**カメラ** ម៉ាស៊ីនថតរូប マシーント(ト) ルー(プ) camera	**クレジットカード** ប័ណ្ណក្រេឌីត バンクレディッ(ト) credit card
航空券 សំបុត្រយន្តហោះ ソンボッ(ト) ユンホッ air ticket	**バッグ** កាបូប カボー(プ) bag	**スーツケース** វាលីស ヴァリッ suitcase

警察（救急車/医者）を呼んでください
សូមទូរស័ព្ទហៅប៉ូលិស (ឡានពេទ្យ / គ្រូពេទ្យ)
ソームトゥー(ル) サッ(プ) ハウ ポリッ(ラーンペー(ト)/クルーペー(ト))
Please call the police (an amburance/ a doctor).

盗難証明書を作ってください
សូមរាយការណ៍ទៅប៉ូលិស
ソームリェィカータウ ポリッ
Please write up a police report.

日本語のわかる人はいませんか？
តើមានអ្នកណាចេះនិយាយជប៉ុនទេ?
タゥミェンネアッ(ク) ナー チェッニィェイチョーポンテー
Is there anyone who speaks Japanese?

日本大使館（総領事館）に連絡したいのですが
ខ្ញុំចង់ទាក់ទងទៅខាងស្ថានទូតជប៉ុន (កុងស៊ុល)
クニョ(ム) チョンテァッ(ク) トーン カーンスターントゥー(ト) チョーポン (コンソル)
I want to contact the Japanese Embassy (Consulate).

交通渋滞	交通事故	スリ
ស្ទះចរាចរណ៍	គ្រោះថ្នាក់ចរាចរណ៍	ចោរលួចហោប៉ៅ
ステァッチョーラーチョー	クルットナッ(ク) チョーラーチョー	チャオルーイハオバウ
traffic jam	traffic accident	pickpocket

ひったくり	ドロボウ	痴漢
ចោររវាត់កាបូប	ចោរ	ព្រាននារី
チャオチョッ(ク) カボー(ブ)	チャオ	プリァンニァリー
purse snatcher	thief	groper

火事	台風	干ばつ
ភ្លើងឆេះ	ខ្យល់ព្យុះ	គ្រោះរាំងស្ងួត
プルーンチェッ	クチョー(ル) プチュッ	クルッレァンスグー(ト)
fire	typhoon	drought

洪水	土砂崩れ	地震
ទឹកជំនន់	បាក់ដី	រញ្ជួយផែនដី
トゥッ(ク) チョムノン	バッ(ク) ディ	ロンチューイバェンディ
flood	landslide	earthquake

弁償してください
អ្នកត្រូវតែសងជំងឺចិត្តខ្ញុំ
ネァッ(ク) トゥルーターエ ソーンチョムグーチェッ(ト) クニョ(ム)
You need to compensate me for that.

車にはねられました
ឡានបុកខ្ញុំ
ラーンボッ(ク) クニョ(ム)
I was hit by a car.

私は悪くありません
វាមិនមែនជាកំហុសរបស់ខ្ញុំទេ
ヴィアマンメーンチァ コムホッロボックニョ(ム) テー
It's not my fault.

携帯電話を貸してください
ខ្ញុំសុំខ្ចីទូរស័ព្ទរបស់អ្នកបន្តិច
クニョ(ム)ソムクチェイトゥー(ル) リッ(プ) ロボンネァッ(ク)ボンテイッ
Please le me use your mobile phone.

緊急フレーズ

助けて！	危ない！	やめろ！
ជួយផង!	ប្រយ័ត្ន!	ឈប់!
チューイポーン	プロヤッ(ト)	チョッ(プ)
Help!	Be careful!	Stop!

離せ！	強盗！	つかまえて！
លែងខ្ញុំទៅ!	ចោរ!	ចាប់គាត់!
レーンクニョ(ム) タウ	チャオ	チャッ(プ) コァッ(ト)
Let me go!	Thief!	Grab him/her!

開けて！	出て行け！	いりません！
បើក!	ចេញ!	អត់ត្រូវការទេ!
バウッ(ク)	チェン	オットゥルーカーテー
Open up!	Get out!	No thank you!

column ～「クメール語」マスターへの道～

カンボジア語とクメール語

どちらが本当の言葉なのか!?

日本では「カンボジア語」とも「クメール語」とも呼ばれるが、まったく同じ言語のこと。「カンボジア」「クメール」はそれぞれカンボジア語で「カンプチア」「クマエ」にあたるが、「クマエ」を使うほうが日常生活では一般的。たとえば「カンボジア語（ピサー　クマエ）」「カンボジア料理（モホープ　クマエ）」などで、文化や生活に根ざしたものは「クマエ」を使い、お役所の書類、正式な国名などの使い方をする際は、「カンプチア」を使う。

末子音のコツを覚えるのがコツ

単語の最後にくる「末子音」は耳にも聞こえにくく、日本人には難しい発音だが、これを覚えるとぐっとカンボジア人に伝わりやすくなる。例えば、「モホープ（料理）」「タック（水）」などの単語の最後にはカタカナ表記で「ク」「プ」などが振られるのが一般的。だが、この「ク」「プ」は発音しない。どのように発音するかというと、「モホープ（料理）」の最後にくる「プ」は日本語の「モップ」の「プ」を言いかけて言わないようにする感じ。口をすぼめたようになるが、そこで止めるとちょうどいい。また、「タック（水）」の最後にくる「ク」は「ショックを受ける」の「ショック」の「ク」を言いかけて言わないようにするつもりで。喉の奥が閉まる感じになるが、それもそこで止めるとちょうどいい。ほか、「コアット（彼）」という単語なら、最後の「ト」は日本語でいう「あっという間」の「あっと」の「と」を言いかけて言わないようにする感じ。舌が前歯の裏にくっついたようになるが、これと同じ感覚で単語の最後を止めるといい。それぞれ、「モホー（プ）」「タッ（ク）」「コアッ（ト）」としか表現できず、「言いかけて言わない感じ」になるが、このように発音ができればかなりスムーズに伝わるようになる。

男女の言葉の違いとやさしい文法

男女の言葉の違いは「はい/YES」にあたる「バーッ/男性」「チャーッ/女性」のみで、ほかに顕著な違いはなく男女の使い分けには問題はない。またカンボジア語の文法は非常にやさしく、「クニョム　タウ　プサー（私／行く／市場）」（主語＋述語＋目的語）となり、時制で動詞が変化したり、単数・複数による違いもない。もうひとつポイントとして「プサートメイ（市場／新しい）」は「新しい市場」の意となり、このように形容詞の「新しい」はそれを説明する名詞「市場」の後につけるというルールを覚えよう。これさえわかれば、あとは積極的にカンボジア人に話しかけれるだけ。コミュニケーションがはかれるはずだ。

私の国を紹介します

日本の紹介

日本の地理	112
日本の一年	114
日本の文化	116
日本の家族	118
日本の料理	120
日本の生活	122
〈コラム〉コミュニケーションの秘訣	124

日本の地理

ស្តានភាពភូមិសាស្ត្រប្រទេសជប៉ុន
スターナビエップ ボーナサッ プロテッ チョボン
Geography in Japan

日本列島は4つの大きな島（北海道、本州、四国、九州）と大小約7000もの島々から成り立っている。

ឧបទ្វីបជប៉ុនត្រូវមានកោះធំៗចំនួន៤ (ហុកកៃដូ ហុងស៊ូ ស៊ីកុគី និង ឃ្យូស៊ូ) រួមនិងកោះជំនៃទៀតប្រមាណ ៧០០០ កោះ។

私は○○で生まれました
ខ្ញុំកើតនៅ ○○
クニョム カウト ナウ ○○
I was born in ○○.

日本の山 高さベスト3 ភ្នំស៊ាងាំត់:

1	富士山	3,776m ភ្នំហ្វូយី(កំពស់ ១២ ៣៣៨ ហ្វីត)
2	北岳	3,192m ភ្នំគីតាដាកេ(កំពស់ ១០ ៤៧២ ហ្វីត)
3	奧穂高岳	3,190m ភ្នំអូគីហុតាកាដាកេ(កំពស់ ១០ ៤៦៦ ហ្វីត)

三名城 ប្រាសាទល្បីល្បាញចំនួន៣:

姫路城（兵庫）	ប្រាសាទហ៊ីមេជី(ហ្យូហ្គោ)
松本城（長野）	ប្រាសាទម៉ាស៊ូម៉ូតុ(ណាហ្គាណូ)
熊本城（熊本）	ប្រាសាទគូម៉ាម៉ូតុ(គូម៉ាម៉ូតុ)

日本三景 ទីតាំងទិដ្ឋភាពល្អីស្រស់ត្រកាលចំនួន៣:

天橋立（京都）	អាម៉ាណុហាស៊ីដាតេ(ក្យូតូ)
厳島神社（広島）	ព្រះវិហារសាសនាស៊ីនតូឈ្មោះ "អ៊ីតស៊ូគូស៊ីម៉ា"(ហ៊ីរ៉ូស៊ីម៉ា)
松島（宮城）	ម៉ាស៊ូស៊ីម៉ា(មីយ៉ាហ្គី)

中国 ឈីហ្គោគី

九州 ឃ្យូស៊ូ

沖縄 អូគីណាវ៉ា

佐賀	សាហ្គា
福岡	ហ៊ូគូអូកា
長崎	ណាហ្គាសាគី
熊本	គូម៉ាម៉ូតុ
大分	អូអ៊ីតា
宮崎	មីយ៉ាហ្សាគី
鹿児島	កាហ្គោស៊ីម៉ា

島根	ស៊ីម៉ានេ
山口	យ៉ាម៉ាហ្គូឈី
広島	ហ៊ីរ៉ូស៊ីម៉ា
鳥取	តុតូរី
岡山	អូកាយ៉ាម៉ា

愛媛	អេហ៊ីមេ
香川	កាហ្គាវ៉ា
高知	កូឈី
徳島	តូគូស៊ីម៉ា

四国 ស៊ីកុគី

兵庫	ហ្យូហ្គោ
大阪	អូសាកា
和歌山	វ៉ាកាយាម៉ា
奈良	ណារ៉ា

近畿 គិនគី

滋賀	ស៊ីហ្គា
京都	ក្យូតូ
福井	ហ៊ូគូអ៊ី
石川	អ៊ីស៊ីកាវ៉ា
岐阜	ហ្គីហ្វូ
愛知	អាយឈី
三重	មីអេ

私の国を紹介します
ច្នូនិយាយអំពីប្រទេសជប៉ុន

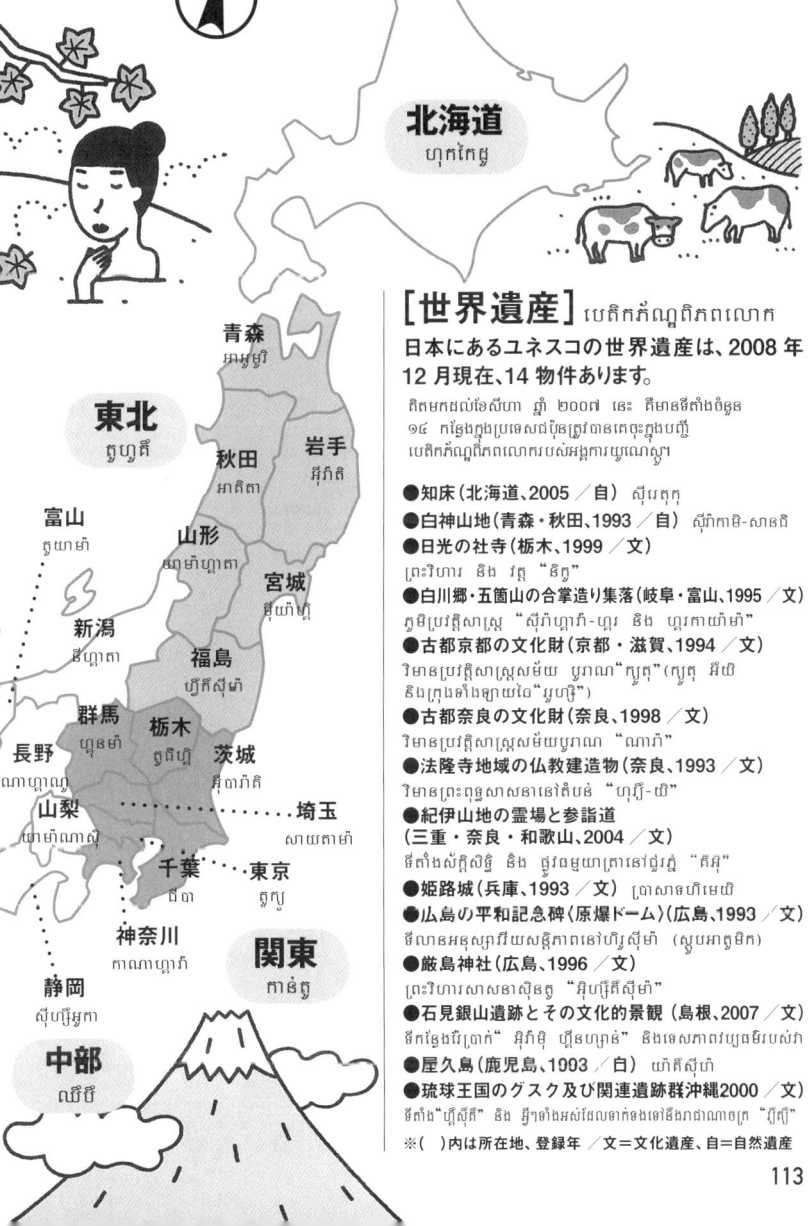

北海道
ហុកកៃដូ

青森
អាអូម៉ូរី

東北
តូហូគូ

秋田
អាគីតា

岩手
អ៊ីវាតេ

富山
តូយាម៉ា

山形
យាម៉ាហ្កាតា

宮城
មីយ៉ាហ្គី

新潟
នីហ្កាតា

福島
ហ្វុគុស៊ីម៉ា

長野
ណាហ្កាណូ

群馬
ហ្គុនម៉ា

栃木
តូជីហ្គី

茨城
អ៊ីបារាគី

山梨
យាម៉ាណាស៊ី

埼玉
សាយតាម៉ា

千葉
ជីបា

東京
តូក្យូ

神奈川
កាណាហ្គាវា

関東
កាន់តូ

静岡
ស៊ីហ្ស៊ូអូកា

中部
ឈ៊ូប៊ូ

[世界遺産] បេតិកភណ្ឌពិភពលោក

日本にあるユネスコの世界遺産は、2008年12月現在、14 物件あります。

គិតមកដល់ខែសីហា ឆ្នាំ ២០០៨ នេះ គឺមានទីតាំងចំនួន ១៤ កន្លែងក្នុងប្រទេសជប៉ុនត្រូវបានចុះក្នុងបញ្ជីបេតិកភណ្ឌពិភពលោករបស់អង្គការយូណេស្កូ

- ●知床(北海道、2005／自) ស៊ីរេតុកុ
- ●白神山地(青森・秋田、1993／自) ស៊ីរាកាមិ-សានជិ
- ●日光の社寺(栃木、1999／文) ព្រះវិហារ និង វត្ត "នីក្កូ"
- ●白川郷・五箇山の合掌造り集落(岐阜・富山、1995／文) ភូមិប្រវត្តិសាស្ត្រ "ស៊ីរ៉ាកាវ៉ា-ហ្គោ និង ហ្គោកាយ៉ាម៉ា"
- ●古都京都の文化財(京都・滋賀、1994／文) វិមានប្រវត្តិសាស្ត្រមុំយ ម្នាលណា"ក្យូតូ"(ក្យូតូ អ៊ូជី និងក្រុងទាំងឡាយនៃ"ឪ្យូទ្រី")
- ●古都奈良の文化財(奈良、1998／文) វិមានប្រវត្តិសាស្ត្រមុំយមួយហាណា "ណារ៉ា"
- ●法隆寺地域の仏教建造物(奈良、1993／文) វិមានព្រះពុទ្ធសាសនានៅតំបន់ "ហូរ្យូ-ជី"
- ●紀伊山地の霊場と参詣道(三重・奈良・和歌山、2004／文) ទីតាំងសក្តិសិទ្ធិ និង ផ្លូវធម្មយាត្រានៅភ្នំ្យេភ្នំ "គីអ៊ី"
- ●姫路城(兵庫、1993／文) ប្រាសាទហ៊ីមេជី
- ●広島の平和記念碑〈原爆ドーム〉(広島、1993／文) ទីលានអនុស្សាវរីយសន្តិភាពនៅហ៊ីរ៉ូស៊ីម៉ា (សួនអាតូមិក)
- ●厳島神社(広島、1996／文) ព្រះវិហារសាសនាស៊ិនតូ "អ៊ីឈ្ពីគឹស៊ីម៉ា"
- ●石見銀山遺跡とその文化的景観(島根、2007／文) ទីតកខែនប្រាក់" អ៊ីវ៉ាមី ហ្គីនហ្សាន់" និងទេសភាពវប្បធម៌របស់វា
- ●屋久島(鹿児島、1993／自) យាគុស៊ីម៉ា
- ●琉球王国のグスク及び関連遺跡群沖縄2000／文) ទីតាំង"ហ្គុស៊ីគី" និង ឡានទាំងអស់ដែលនាក់ទងទៅនឹងរាជធានីចាស់ "រីញូ"

※（ ）内は所在地、登録年 ／文＝文化遺産、自＝自然遺産

113

日本の一年

ប្រតិទិនរបស់ជប៉ុន
プロテタン ロボッ チョポン
One year of Japan

日本には4つの季節 "四季 (Shiki)" があり、それぞれの季節とその移り変わりを楽しむ行事がある。

ប្រទេសជប៉ុនមាន៤រដូវ ហៅថា "ស៊ីគី "។ មានការប្រារព្ធពិធីគួរអោយកត់សំគាល់ជាច្រើនទៅលើការផ្លាស់ប្ដូររដូវទាំងនេះ។

日本は今、○○の季節です

ពាក្យវេនះប្រទេសជប៉ុនស្ថិតនៅក្នុងរដូវ○○
エイラウ ニッ プロテッ チョポン ステット ナウ クノン ロダウ○○
It is now ○○ in Japan.

8月 សីហា	
7月 កក្កដា	夏 រដូវក្ដៅ
6月 មិថុនា	
5月 ឧសភា	
4月 មេសា	春 រដូវផ្ការីក
3月 មីនា	

[七夕 (7月7日)]

បុណ្យ តាណាបាតា (ថ្ងៃទី៧ កក្កដា)

中国の伝説から始まった行事。折り紙や色紙で笹を飾り付け、家の庭などにたてる風習が残っている。また、願いごとを書いた紙を笹に飾ると願いが叶う、といわれている。

តាណាបាតាគឺជាពិធីបុណ្យប្រឆាំងតាមរឿងនិទានចិនបូរាណមួយរឿងដែលកើតឡើង មានមនុស្សភាគច្រើននៅក្នុងរាត្រីនៃថ្ងៃទី៧ ខែកក្កដា មនុស្សយុវវ័យ អាប៉ែស និង ឪពុកដែលផ្សាយឈឺរវែង។ នៅទីសធ្យាទឹក បានមកជួបជុំគ្នានេះដើម្បីពេះដឹងឺង។ នៅក្នុងថ្ងៃបុណ្យនេះ ការបិទប្រាក់ដូចដែលពួកគេកំណែដែលពួកគេនៅលើដើមឫស្សី នោះនឹងបានសំណូមពរយាចិត្តាពិតមិនខាន។

[端午の節句 (5月5日)]

បុណ្យ តាន់ហ្គូរណូសេគី (ថ្ងៃទី៥ ឧសភា)

男児の健やかな成長と幸せを願う日で祝日になっている。男児がいる家庭では、鯉のぼりを揚げ、武者人形や鎧兜を飾る。

"តាន់ហ្គូ រណូ សេគី" គឺជាថ្ងៃបុណ្យដើម្បីសុខភាពនិងសុភមង្គលរបស់ក្មេងប្រុសៗ។ វាត្រូវបានគេចាត់ទុកជាថ្ងៃបុណ្យជាតិផងដែរ (ថ្ងៃបុណ្យមហា)។ គ្រួសាររបស់ក្មេងប្រុសទាំងនេះបានសំគាល់ប្រារព្ធពិធីបុណ្យនេះដោយប្រើការបង្ហោះខ្លែង "កូអ៊ីណូបូរី" និង ធ្វើការបង្ហាញ "ម៉ីស្យ នីងហ្គ្យូ និង យូរ៉យ កាប៊ុតុ" (អារក្សនិង មួកកិតាំងការពារ)។

[花見] ហាណាមិ (ការមើលផ្កា)

桜の満開時期になると、職場仲間や友人、家族で公園などに出かけ、桜の木の下で食事をしたり、酒を飲んだりする。

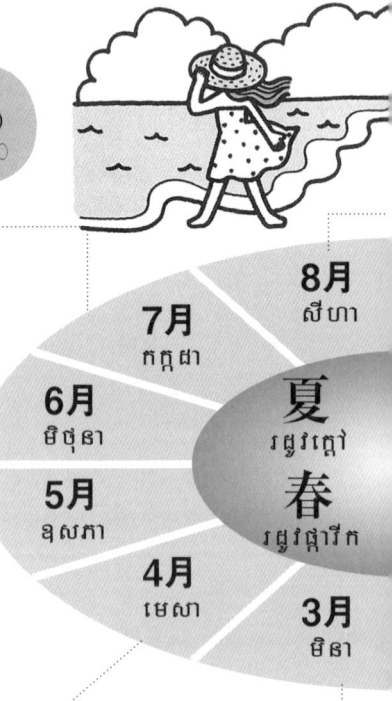

នៅពេលផ្កាសាគូរីក មនុស្សគ្រប់គ្នាទាំង មិត្តរួមការងារ មិត្តភក្តិ ឬក្រុមគ្រួសារនៅកែសម្រាប់នឹងនាំគ្នាទៅ វគ្គនៃថ្ងៃឈប់ ដើម្បីមើលផ្កាសាគូរីក។ ពួកគេហែកយើកការរីកសាស្រ្ត៕ពិណ្ឌពិភារអាហារ និង ផឹកស្រាបណ្តើរនៅក្រោមដើមផ្កាសាគូរ៕

[ひな祭り (3月3日)]

បុណ្យ ហ៊ីណា ម៉ាហ្ស៊ូរី (ថ្ងៃទី៣ ខែ មីនា)

女児の健やかな成長と幸運を願う事。ひな人形を飾り、桃の花や白いひし餅、ひなあられを供える。

គ្រួសារជប៉ុនដែលមានកូនក្មេងស្រីៗ គឺគេតែងតែប្ដូសង្ឃឹមឲ្យខ្ញុំក្មេងស្រីទាំងនោះមានអាយុវែង និង សុខភាពល្អ ក្នុងពិធីបុណ្យមួយឈ្មោះ (បុណ្យសំរាប់ក្មេងស្រី)។ "បុណ្យហ៊ីណា (បុណ្យក្មេង ហ៊ីណា)" គឺត្រូវបានគេតាក់តែងឡើងដើម្បីឲ្យបានឧទ្ទិសដល់សណ្ដានៃមានដំរែខួប ដំពេញ ឈ្មោះ "ហ៊ីប៊ី និង ហ៊ីណាអារាវី (ឈ្ងៃមួយម្យ៉ាងផ្សេងៗ)។

[盆] បុណ្យ ឈ្មោះថា បុន
(បុណ្យឆ្លុំបែបជប៉ុន)

7月13~15日、または8月13~15日に帰ってくる祖先の霊を迎えて慰めるため、さまざまな行事を行う。都会に住む人も故郷に帰って、墓に花を供えるなどして祖先の霊を供養する。

ចាប់ពីថ្ងៃទី១៣-១៥ ខែកក្កដា ឬថ្ងៃ ១៣-១៥ សីហា ប្រជាជនជប៉ុនតែងប្រារព្ធពិធីបុណ្យផ្សេងៗបន្តបន្ទាប់ដើម្បីទទួល និងលួងលោម គ្រលម្មរវិញ្ញាណក្ខន្ធនូវបុព្វបុរសដែលបានចាកស្ថានទៅ។ ពិធីនេះ ត្រូវបានគេហៅថា "អំវុប៉ុន" ដោយបង្ហាញថាទោះមនុស្សនៅតាមទីក្រុងក៏ដោយ ក៏ព្រមព្រៀងសាសនា ប្រជាជនជប៉ុនទាំងអស់នៅតាមអំវុក្រុងទាំងអស់ គ្រសោចបំរើស្រែកំណើត ដើម្បីបូជាស្ងួនសំរាបវិញ្ញាណក្ខន្ធនូវនកោតចានសេចក្ដីសុខ ដោយយកមកនូវម្លា ដាក់នូវផ្នូរ អ្នកទៅឯទៅជាដើម។

[月見(9月中旬)]
បុណ្យ បរិត្គីមី (ពាក់កណ្ដាលខែកញ្ញា)

月を鑑賞する行事を月見という。9月中旬頃の満月を特に「十五夜」とよび、月見だんごや果物、秋の七草を供える。

ការប្រារព្ធពិធីសំលឹងព្រះចន្ទនេះ ប្រជាជនជប៉ុនហៅថា "បរិត្គីមី"។ ពិធីនេះត្រូវបានប្រារព្ធទៅក្រោយ ដូរពេលខែ នៅក្នុងពាក់កណ្ដាលខែកញ្ញា (គេហៅជាពិសេសថា "យូហ្គោយ៉ា")។ នៅក្នុងពិធីនេះ គេធ្វើនំមូលៗខែចន្ទ និងផ្លែឈើ។ ហៅថា "បរិត្គីមី ដាន់ហ្គ៊ូ" ថ្វាយលើ និងផ្ការបួរ៧ស៊ីវ លើព្រះចន្ទដើម។

私の国を紹介します
ខ្ញុំនិយាយអំពីប្រទេសជប៉ុន

[クリスマス(12月25日)]
បុណ្យណូវែល (ថ្ងៃទី២៥ ខែធ្នូ)

日本ではクリスマスは宗教色が薄く、家族や友人、恋人達が絆を確かめあう行事であることが多い。

ជាទូទៅពិធីបុណ្យណូវែលដែលមិនត្រូវគេពុំព្រាវយើងជាលក្ខណៈសាសនានៅប្រទេសជប៉ុន។ ពិធីបុណ្យនេះ ក្រាស់តែជាការមួយដើម្បីបញ្ចក់ពីក្ដីស្រលាញ់ពីក្រុមគ្រូសារ មិត្តភក្ដិ និងអ្នកដែលគេស្រលាញ់តែប៉ុណ្ណោះ។

[大晦日(12月31日)]
អូមីស្គោកា (ថ្ងៃទី៣១ ខែ ធ្នូ)

大晦日の夜には、家族揃ってテレビで歌番組を見てすごす。また、家族揃ってそばを食べることによって、健康と長寿を願う。

នៅថ្ងៃចុងក្រោយនោះ ជាទូទៅពីពេលដែលប្រជាជនជប៉ុន ឆ្លៀតពេលក្រុមគ្រួសារទាំងអស់ ស្ដែងតែពេញមួយយប់ដើម្បីមើលកម្មវិធីតន្ត្រីតាមទូរទស្សន៍ផងថ៍។ ប្រជាជនជប៉ុននៅភិវបាទមួយបែបប្រពៃណីរបស់គេគួរពេញឆ្លៀ ក្ដីដ៏រាងគីរាងនិងអាយុរកែ និងសុខមង្គល។

9月 កញ្ញា
10月 តុលា
秋 ឫស្សីឫលើទ្រេះ
11月 វិច្ឆិកា
冬 រដូវរងារ
12月 ធ្នូ
1月 មករា
2月 កុម្ភៈ

[節分(2月3日)]
សេតស៊ីប៊ុន (ថ្ងៃទី៣ ខែ កុម្ភៈ)

「鬼は外」「福は内」とかけ声をかけながら、鬼役の人に向かってマメを投げる。邪悪なものや不幸を家の外に追い払い、福を呼び込む意味がある。

នៅថ្ងៃ "សេតស៊ីប៊ុន" នេះ ប្រជាជនជប៉ុនតែងបង្ហាញពាក្យជាក់ដែរ, ចាប់បញ្ជូនក៏មកលើ "ព្រៃបិសាច" (ដែលជាទូទៅគឺមានសេចដោយមនុស្សម្នាក់ណាម្នាក់ដែលបានកាន់ម៉ាសមុខច្រៃបិសាច) ដោយស្រែកពាក្យថា "បិសាចចេញទៅ! សុភមង្គលចូលមក!"។ គេធ្វើជាក់បែបនេះដោយនិងអាចបង្ហាញអាក្រក់ចេញពីផ្ទះរបស់ពួកគេនិងនាំមកនូវសុភមង្គល។

[正月] ស្យូប្រោបព្រ៉ី:
1年の最初の月のことだが、1月1~7日を指すことが多い。古来より、正月の行事は盆とともに重要なものとされている。

បើយោងតាមពាក្យ "ស្យូហ្គាប្រ៉ី" នេះមានន័យថាថ្ងៃមួយឆ្នាំថ្មី ដោយ គឺចាប់ទៅប្រជាជនជប៉ុន ត្រសំរៀនទៅឡើយពីថ្ងៃផ្ដើមមួយចំនួនថ្ងៃទី១ ដល់ថ្ងៃទី៧ ខែមករា។ តាំងពីដើមយើងបានមក ពិធី "ស្យូហ្គាប្រ៉ី" ត្រូវបានគេចាត់ទុកថាមានសារៈសំខាន់ផង បុណ្យ "ប៉ុន" ដែរ។

[バレンタインデー (2月14日)]
ថ្ងៃបុណ្យនៃក្តីស្រលាញ់ (ថ្ងៃទី១៤ ខែកុម្ភៈ)

女性から男性にチョコレートを贈るのが一般的。贈り物をもらった男性は3月14日のホワイトデーにお返しをする。

តាមទំនៀមទំលាប់ ស្ដ្រីជនជាតិជប៉ុននឹងជូនសូកូឡាទៅបុរសនៅថ្ងៃនៃក្ដីស្រលាញ់នេះ។ បុរស ដែលទទួលបានការផ្ដល់ថ្ងៃនេះ គឺត្រូវថ្ងៃនាំយកទៅជូនស្ដ្រីវិញនៅថ្ងៃទី១៤ ខែ មិនា ដែលគេហៅថា "ស្តូស៍"។

日本の文化

វប្បធម៌ជប៉ុន
ヴァパトアー　チョポン
Culture of Japan

○○を知っていますか？
តើអ្នកធ្លាប់ឮអំពី ○○ ទេ？
タウ　ネアック　トロアプ　ルー　オンピー○○テー？
Do yo know ○○ ?

[着物] សំលៀកបំពាក់ប្រពៃណី "គិមុណុ"

着物は和服ともよばれる日本の伝統的衣服。江戸時代までは日常着だった。洋服が普及してからは礼服として冠婚葬祭や茶道の席で着ることが多い。

"គិមុណុ" ឬហៅម្យ៉ាងទៀតថា "វ៉ាហ្វុគុ" គឺជាសំលៀកបំពាក់ប្រពៃណីរបស់ប្រជាជនជប៉ុនដែលបានត្រូវគេស្លៀកពាក់ប្រចាំថ្ងៃរហូតមកដល់សម័យកាល "អេដូ" (បុគសតវត្សទី១៩)។ ចាប់ពីពេលដែលសំលៀកបំពាក់បែបថ្មីមួយទេសត្រូវបានគេប្រើប្រាស់ជាសំលៀកបំពាក់ប្រចាំថ្ងៃមក "គិមុណុ" គឺត្រូវគេប្រើជាសំលៀកពាក់ដែលទៀងទាត់ទៅតាមពិធីបុណ្យ វិវាហៈមង្គលឬពិធីសពឬប្រពៃណីដៃគួរប្រណូ។

[浮世絵] អ៊ុគីយុអេ

浮世絵は江戸時代に発達した風俗画。15～16世紀には肉筆の作品が中心だったが、17世紀後半、木版画の手法が確立され、大量生産が可能になると、庶民の間に急速に普及した。

"អ៊ុគីយុអេ" គឺជារូបភាពពិសេសមួយបែបនៃរូបសែលដែលបានវិវឌ្ឍឡើងក្នុងសម័យកាល"អេដូ"។ ជនជាតិជិនគោក រូបគ្នាស្នែងជាំងអស់ ត្រូវគូរដោយដៃនៅសតវត្សទី១៥ និង ១៦។ នៅចុងសតវត្សទី១៧ពេលដែលប្រជាជនធំផ្នែកក្នុងការឲ្យតិចលើការឬប្រើប្រាស់នៃវិធីរបៀបខាងលើ ភាពប្រើគឺពេញនិយមប្រើប្រាស់រូបភាពពិសេស "អ៊ុគីយុអេ" នេះ នៅពេលដែលបង្កើតទេសភាពលើក្រដាសដោយប្រើប្រាស់ឈើឡើយក្លា ត្រូវបានគេបង្កើតឡើងរួចហើយអាចធ្វើឡើងបានច្រើន អាចធ្វើបានច្រើន។

[短歌と俳句] តាន់ការ និង ហៃគួ

短歌は日本独特の和歌の一形式で、五七五七七の五句31音で構成される。俳句は五七五の三句17音の詩。この短い形式の中に美しい言葉で季節や自分の気持ちを詠み込む。

"តាន់ការ" គឺជាប្រភេទកំណាព្យបែបមួយបែបបុរាណរបស់ជនជាតិជប៉ុនដែលមានស្តង់ដាដោយមាន៥ឃ្លាមួយបទគឺមួយឃ្លា ៨-៧-៨-៧-៧។ "ហៃគួ" គឺជាកំណាព្យដែលមានបីឃ្លានិង ១៧ ព្យាង្គមួយបទគឺជា ៨-៧-៥។ "ហៃគួ" គឺជាកំណាព្យដែលបញ្ចេញខាងទៅអារម្មណ៍មនុស្ស និងបញ្ហាញពីរដូវផ្សេងៗ។

[盆栽] បុងសាយ

盆栽は、鉢に植えた小さな木を自然界にあるような大木の形に整え、その姿を楽しむ植物の芸術作品。木の姿だけでなく、鉢も鑑賞の対象となる。

"បុងសាយ" គឺជាសិល្បៈនៃការដុំរុក្ខជាតិតូចៗនៅលើថូរីកខ្លះទៀតជាផ្នែកទៅដូចជាមានទ្រង់ទ្រាយដូចទាំងអស់ដែលមានស្រាប់នៅក្នុងធម្មជាតិបន្ថែមពីនេះទៀតឃ្លា ការរីករាយនៅលើវិធីសិល្បៈវ៉ិញ មិនត្រឹមតែស្នៀងសម្រស់របស់ដុំរុក្ខជាតិ ស្នាមផ្ទៃរបស់ក៏ជាបន្ទះ តាំងនោះក៏ជាសិល្បៈដែលក្ដាមាយរស់ព្យូរវីដែរ។

[生け花] អ៊ីកេបាណា

生け花は草花や花を切り取り、水を入れた花器に挿して鑑賞する日本独特の芸術。もとは仏前に花を供えるところから始まったが、室町時代 (14～16世紀) には立花として流行し、江戸時代になると茶の湯とともに一般に普及した。

"អ៊ីកេបាណា" គឺជាសិល្បៈបុរាណរបស់ជនជាតិជប៉ុននៃការរៀបចំផ្កាតង និងផ្ការុក្ខជាតិឲ្យ។ សិល្បៈនេះមានកំណើតពីការរៀបចំផ្កាថ្វាយនៅមុខទេរូបមានពីដំបូង (ព្រះដែល មានពាង់ឬញ្ញា) គឺមានប្រជាប្រិយភាពជាខ្លាំងនៅសម័យកាល "មូរ៉ូម៉ាចិ" (សតវត្សទី ១៣-១៦)។
នៅក្នុងសម័យកាល "អេដូ" សិល្បៈរៀបចំផ្កានេះទទួលការពេញនិយមដួលបានជាមួយនិងពិធីជឺមីរ៉ីរបស់ដែរ។

[茶の湯] ពិធី ផ្ដែតេ ចា ណុ យុ

茶の湯は、16世紀ごろ千利休が大成した。彼は禅の精神を取り入れ、簡素と静寂を旨とする日本独特の「わび」の心を重んじた。さどう、ちゃどうともよばれる。

"ចា ណុ យុ" (ហៅថាសិល្បៈផ្ដែតេ) គឺត្រូវបានសិនរិគ្យុធ្វើឲ្យលោកម្ចាស់ សិនរិគ្យុវិធីនៅសតវត្សទី១៦។ "ចា ណុ យុ" នេះត្រូវបានយើយាមូលវិញ្ញាណជាន និង លោកនិងបានទៅលើការស្វែងរកការស្ងប់ស្ងាត់និងភាពរាយាបហ្វិនដែលគេហៅថា "វ៉ាប៊ី" គឺជាការសួនអារម្មណ៍នេះឯង។

[歌舞伎] ល្ខោន កាប៊ូគី

江戸時代に生まれた日本独特の演劇芸術。1603年、出雲大社の巫女だった女性たちにより京都で興行されたのが始まりといわれている。風紀を乱すということから禁止されたが、その後、徳川幕府により成人男子が真面目な芝居をすることを条件に野郎歌舞伎が許された。現在の歌舞伎は男性のみで演じられる。

"កាប៊ូគី" គឺជាទំរង់ល្ខោនបែបបុរាណរបស់ជនជាតិជប៉ុនដែលបានបង្កើតឡើងក្នុងសម័យអេដូសម័យកាល"អេដូ"។ ល្ខោននេះគឺត្រូវបាន គេនិយាយថាមានឱ្យប្រជាជនចូលទស្សនាលើកដំបូងនៅក្រុងក្យូតូដែលពីត្រាច់យាយក្រុមនៅក្បេន់ទៅវត្ត អ៊ីហ្ស៊ូម៉ូនៅឆ្នាំ ១៦០៣។ "កាប៊ូគី" ត្រូវបានគេ ហាមប្រាមដោយសារតែគិតថាជាមូលហេតុបង្ករអសន្តិសុខសន្តិភាពសង្គមលប៉ុន្តែក្រោយមកបានអនុញ្ញាតិយ៉ាងម្យ៉ាងវិញសម្រាប់តែពួកបុរសដែលមានវ័យពេញកំលាំង "យ៉ារ៉ូកាប៊ូគី" ដែលត្រូវដើរតួជាតួស្រី (យ៉ារ៉ូកាប៊ូគី)។ ក្នុងបច្ចុប្បន្ននេះ ល្ខោន"កាប៊ូគី" គឺមានតែអ្នកសំដែងជាបុរសតែប៉ុណ្ណោះ។

[文楽] ល្ខោន ប៊ុនរ៉ាគូ

日本の伝統的な人形芝居、人形浄瑠璃（義太夫節）という独特の歌謡に合わせて演じられる。人形浄瑠璃が成立したのは1600年前後といわれ、主に大阪を中心に発展してきた。

"ប៊ុនរ៉ាគូ" គឺជាទំរង់ល្ខោនប្រើកូនតុក្កតា (អាយ៉ង) បុរាណរបស់ជនជាតិជប៉ុនដែលគេសំដែងអមជាមួយការច្រៀងបទភ្លេង នាមជាមួយល្បែងនោះ"និងយ៉ូរូរី ប៊ីគី" ។ អាយ៉ង"និងយ៉ូ រូរី" គឺត្រូវបានគេនិយាយថា ត្រូវបានបង្កើតឡើងហូសហួសឆ្នាំ១៦០០ ហើយបាននិយមជាពិសេសនៅតំបន់ "អូសាកា"។

[能・狂言] ល្ខោន ណូ និង ក្យូហ្គេន

室町時代初期（14世紀）に出来上がった歌舞劇で、二人から数人で、華麗な衣装と仮面をつけて演じる古典芸能。狂言は、ユーモアにあふれたセリフ主体の劇である。

"ណូ" គឺជាល្បែងឬបែបបទនៃបុរាណដែលរួមមានការប្រពួលប្រាណនៃការសំដែងផង ច្រៀងផង និង រាំផង។ ល្ខោននេះមានការពេញនិយមនៅដើមសម័យកាល"ម៉ូរ៉ូម៉ាជី" (សតវត្សរ៍ទី ១៤) វាត្រូវបានសំដែងដោយមនុស្ស ពីរនាក់រហូតដល់ប៉ុន្មាននាក់ ព្រៀមដោយមានសំលៀកបំពាក់ផ្ទាំងៗ និងពាក់មុខផង។ "ក្យូហ្គេន" គឺជាល្ខោនបែបកំប្លែងដែលផ្តោតសំខាន់ទៅលើការនិយាយតែប៉ុណ្ណោះ។

私の国を紹介します
ខ្ញុំនិយាយអំពីប្រទេសជប៉ុន

[相撲] ចំបាប់ ស៊ូម៉ូ

日本の伝統的なスポーツのひとつ。土俵とよばれる丸いリングの中で2人が組み合い、相手を土俵の外に出すか、地面に倒した方が勝ち。古くから相撲は神の意志を占う役割があったが、8世紀ごろの、天皇に見せる節会相撲が始まり。現在は日本の国技として人気を集め、外国人力士も増加中。

"ស៊ូម៉ូ" គឺជាកីឡាប្រាកដិចំបាប់បែបបុរាណមួយនៃប្រទេសជប៉ុនដែលគេធ្វើឡើងក្នុងរង្វង់មួយនៅលើក្សិតអ្នកហ្វូ។ ដូច្នេះ "ស៊ូម៉ូ" គឺជាការប្រឡងវាយប្រហារគ្នាចំបាប់បែបមួយនៅលើក្សិតអ្នកហ្វូដោយថាអ្នកណាបានច្រាន ប្រទូសគូរបស់ខ្លួនចេញក្រៅក្សិតឬដួលឱ្យបានកាន់ជើងគូប្រជែងបាន។ វាជាកីឡាបុរាណមួយនៅលើស្រុកជប៉ុនដែលគេ ជឿថា "ស៊ូម៉ូ" គឺជាកីឡាដែលពិពាសនាអំពីបំណងព្រហ្មលិខិតនៃកីឡា "ស៊ូម៉ូ" ក្នុងសតវត្សរ៍ទី ៨ ដែលជាការសំដែង បង្ហាញចៅអធិរាជ្យមើលពេលបុណ្យនូវកីឡា"ស៊ូម៉ូ"ជាកីឡាជាតិដែលមានប្រជាប្រិយភាពហើយកំពុងឋ ទទួលការចេញនិយមនទទួល សកម្មជាតែយើងដងដែរ ដោយមានមជនមានអាចនិនើនឡើងបន្តិចម្តងៗ។

[柔道] យូដូ

日本に古くからあった柔術という格闘技を、19世紀に嘉納治五郎がスポーツとして改良したもの。身体と精神の両方を鍛えることを目的としている。

"យូដូ" គឺមានប្រភពចេញពីសិល្បៈចំបាប់បុរាណរបស់ជនជាតិ ជប៉ុនហៅឈ្មោះថា"ជ្យូជុថួ"។ "យូដូ"គឺជាប្រភេទកីឡា អភិវឌ្ឍន៍ឡើងដោយលោកកាណ៉ូ ជឹរ៉ូ នៅសតវត្សរ៍ ១៩។ គោលបំណងសំខាន់របស់ "យូដូ" គឺធ្វើ ឲ្យអ្នកហាត់កំលាំងកាយនិងកំលាំងចិត្តមានភាពរឹងមាំ។

[剣道] កេនដូ

剣を使って心身を鍛える道。武士の時代には相手を倒すための武術だったが、現在では面、胴、小手などの防具をつけ、竹刀で相手と打ち合う。

"កេនដូ" គឺជាមធ្យោបាយមួយដែលហាត់អប់រំផ្លូវកាយ និងចិត្តតាមរយៈការប្រើដាវ។ ពីមុនៗ "កេនដូ" គឺជាយុទ្ធ វិធីយោធាសំរាប់ផ្តួលសត្រូវក្នុងពេលចម្បាំងក្នុងសម័យកាល "កេនដូ" នេះត្រូវបានគេពាក់ពឹងលើថ្នាល់ លក្ខណៈ កីឡាដែលអ្នកប្រកួត ត្រូវពាក់សំភារៈការពារ និងមុខ (អាណូឈ្មោះ មែន ដូ និងកូតេ) ដោយប្រើប្រាស់ដាវឫស្សី។

117

日本の家族

ត្រួសារជនជាតិជប៉ុន
クローサー チョンチエット チョポン
Family in Japan

生を受け、その生涯を終えるまでに、自分の家族の幸せや長寿を願い、さまざまな行事が行われる。

នៅប្រទេសមានពិធីបែបប្រពៃណីជាច្រើនដើម្បីជូនពរអោយមានសុភមង្គល និងអាយុវែងសំរាប់អ្នកណា ម្នាក់ និង សំរាប់គ្រួសារមួយៗ

誕生日おめでとう！
អបអរថ្ងៃខួបកំណើត
オーブオー トガイ コーブ コムナート
Happy birthday to you !

ありがとう！
អរគុណ
オークン
Thank you!

[結婚式] ពិធីមង្គលការ (ការរៀបអាពាហ៍ពិពាហ៍)

決まった宗教を持たない人が多い日本では、結婚式の形式も特定の宗教に捕われないことが多い。古来より神前結婚式が多数を占めていたが、最近はキリスト教式の結婚式を選ぶ人も多い。

ដោយសារតែប្រជាជនជប៉ុនភាគច្រើនមិនស្ថិតជាប់ក្នុងសាសនាសក្ដិ ឬ គឺថែងនេះជាបង្ខំឱ្យអនុវត្តការរៀបអាពាហ៍ពិពាហ៍បែបណាមួយឡើយ ពាន់ឆ្នាំមុនកម្មវិធីសាសនាណាមួយឡើយ។ ពាន់ឆ្នាំមុន ជនជាតិជប៉ុនភាគច្រើនឡើងអាពាហ៍ពិពាហ៍តាមបែបប្រពៃណីដែលប្រារព្ធធ្វើនៅព្រះវិហារបែបសាសនាស៊ីនតូ ប៉ុន្តែនៅពេលបច្ចុប្បន្នក៏មានជនជាតិជប៉ុនភាគច្រើនជ្រើសរើសរៀបអាពាហ៍ពិពាហ៍តាមបែបសាសនាគ្រឹស្ត (តាមបែបអាមេរិកាំង) ដែរ ។

男性25、42、61歳
女性19、33、37歳

男性31.2歳、女性29歳
(平均婚姻年齢) ※1

[還暦] ការបុណ្យ

一定の年齢に達した高齢者に対し、長寿のお祝いをする。例えば、数え年での61歳を還暦といい、家族が赤い頭巾やちゃんちゃんこを贈る風習がある。

សំរាប់ប្រជាជនជប៉ុនមានទំនៀមទំលាប់ជាប្រពៃណីឡើយមានការអាយុវែងឬបួរសំអ្នកមាន អាយុច្រើន ជាឧទាហរណ៍ នៅពេលដែលមនុស្សកំពង់មានអាយុ ៦១ គឺហៅថា" កាំងពិ " ។ វគឺជាប្រពៃណីដែលសមាជិកគ្រួសារគ្រាន់តែប្រគល់ជូនជាអំណោយ "ក្បាលកណ្ដាល់ក្រហមរួមត្រឹកសាច់កិត្តិព័ទ្ធដៃ" ទៅអោយមនុស្សមានជីវិតស្រស់ស្រាយដែលឈានទៅដល់អាយុនេះ។

60歳

男性78.3歳、女性85.3歳
(平均寿命) ※2

[厄年] យកឆ្នាំថ្ងៃ ※3

厄年とは病気や事故、身内の不幸といった災いが降りかかりやすい年齢のこと。神社に参って、厄払いの祈願をすることが多い。

"យកឆ្នាំថ្ងៃ" គឺចាប់ពេលដែលមនុស្សនឹងជួបបញ្ហាជាលំបាកដូចជាជំងឺ គ្រោះថ្នាក់ ទុក្ខរបស់ក្នុងគ្រួសារ ឬថ្ងៃប្រទះនូវសំណាងអាក្រក់ជាដើម។ ប្រជាជនជប៉ុនភាគច្រើនតែទៅព្រះវិហារដើម្បីបន់ស្រន់សូម្បីសន្តិភាពសុខសាសនេះនឹងកើតឡើង។

[葬式] ស្លាប់ពិធី (ពិធីបុណ្យសព)

日頃あまり宗教的ではない日本人も、葬式においては多分に宗教的である。そのほとんどが仏教式。

ប្រជាជនជប៉ុនភាគច្រើនភាគខ្លាំងក្នុងខណៈដែលប្រព្រឹត្តទៅតាមបែបសាសនានៅពេលជួបបទបុណ្យសព បើទោះជាជីវជូវសាន់ប្រចាំថ្ងៃរបស់ពួកគេមិនសូវចាប់អារម្មណ៍ជាប់ជូវយ៉ាងណាក៏ដោយ ក៏ពិធីបុណ្យសពនៅជប៉ុនភាគច្រើនឡើងច្រេ្រាបទៅតាមបែបជំនឿសាសនាព្រះពុទ្ធ។

[法要] ហុយ

葬式が終わったあとも、死者が往生して極楽 (キリスト教における天国) に行けるよう、生きている人が供養を行う。初七日、四十九日、一周忌が特に重要とされている。

បន្ទាប់ពីពិធីបុណ្យសព គ្រួសារនឹងគ្រួបព្រមពិធីជាមួយសាសនាមួយទៀតគឺបួងសួងថ្ងៃដើម្បីឱ្យអាយុប្រសិដ្ឋវិញ្ញាណរបស់មនុស្សស្លាប់ឲ្យនិងអាចទៅដល់ឋានសួគ៌នេ (ឋានសួគ៌ក្នុងសាសនាគ្រឹស្ត)។ បន្ទាប់មកគឺប្រព្រឹត្តបុណ្យខួបថ្ងៃ ៤៩ថ្ងៃ និងមួយឆ្នាំបន្ទាប់ពីមនុស្សឧស្សាហ៍ដំណាលមរណភាព។

※1、2 2006年厚生労働省人口動態統計に拠る

私の国を紹介します
ខ្ញុំនឹងណែនាំពីប្រទេសជំបុ៎ះ

[帯祝い] ពិធី អូបី អ៊ីវ៉ាយ
妊娠して5カ月目の、干支でいう戌の日に、妊婦の実家が腹帯を贈る行事。戌の日に行うのは多産な犬にあやかり、安産を祈ることに由来する。

នៅពេលមានកភ៌ាបានរយៈពេល៥ខែ ស្រ្តីមានផ្ទៃពោះ គឺត្រូវបានផ្តល់ក្រមុយឬខ្សែសំពត់ក្រហាប់ពោះ នាថ្ងៃនៃថ្ងៃឆ្នាំសុនខ្សដែលថ្ងៃនេះគិតតិកតាមប្រកាសិទ្ធ ជំនឿវិធី (អក្សរចិនបុរាណ) ពិធីនេះឲ្យប្រព្រឹត្តនៅថ្ងៃឆ្នាំសុនខ្សគឺ ព្រោះពាក់ពន្ធ័នឹងសុនខ្សដែលជាសត្វសំរាលកូនបានច្រើន គឺជាការបន់ស្រន់សុំឲ្យសំរាលកូនបានស្រួល។

[お宮参り] ពិធី អូមីយ៉ាម៉ាអ៊ីរី
赤ちゃんの誕生を祝い、元気な成長を願って、男の子は生後30日目、女の子は生後33日目に住んでいる土地の神社にお参りする。

ប្រសិនបើឈើនាំកូនបានហើយ គឺកូនប្រុសនោះនៅត្រូវការបែបសំង៉ាត់ (ជាតិថ្ងៃដែលនៅតាមសុនខ្ស (អ៊ីហ៊ីប្រា)) ត្រូវបានសេវុក្ខុទ្ធ: ដើម្បីអោយការចាប់កំណើតនិង បទស្បុះមេបានក្នុងកេរត្ដលាអាក និង លូតលាស់បានសួស្តី ពិធីនេះធ្វើឡើងនៅថ្ងៃ ៣០ បន្ទាប់ពីការចាប់កំណើតសំរាប់ក្មេងប្រុស និង ថ្ងៃ ៣៣ ចំពោះក្មេងស្រី។

誕生前 ▶▶▶ 生後30〜33日 ▶▶▶ 3歳

[七五三] ពិធី ស៊ីជីហ្គោសាន់
子供の健やかな成長を願って、男の子は3歳と5歳、女の子は3歳と7歳のときに神社にお参りする。

ក្នុងពិធីសាសនា: ជនជាតិជប៉ុនទាំងកូនរបស់គេទៅព្រះវិហារដើម្បីសូមសុខភាពក្នុងជីវិតប្រចាំ ដោយសុខភាពល្អ ពិធីនេះធ្វើឡើងនៅពេលកូនក្មេងប្រុសមានអាយុ ៣ និង ៥ ឆ្នាំហើយនៅពេលកូនក្មេងស្រីមានអាយុ ៣ និង ៧ ឆ្នាំ។

5歳

7歳

20歳 ◀ 18歳〜 ◀ 16〜18歳 ◀ 6〜15歳
　　　 大学／専門学校　高等学校　小〜中学校

[成人の日] សេយ៉េនណូហី (ថ្ងៃពេញវ័យ)
満20歳になった人を成人として認める儀式。1月の第2月曜日に、各地の自治体では記念の式典が行われる。満20歳になると選挙権が得られる。また、飲酒、喫煙も許される。

"សេយ៉េនណូហី" គឺជាពិធីដើម្បីអោយយុវជនជំនាន់ក្រោយបានយល់ពីការរបស់គេពេលបានបន្ត២០ឆ្នាំហើយត្រូវបានគេចាត់ទុកជាផ្លូវការថាជាមនុស្សពេញវ័យ។ ស្រុក ឬ ឃុំនិមួយៗរៀបចំទិវាប្រសិនបើនេះនៅថ្ងៃចន្ទទីពីរនៃខែមករា។ ភាពពេញវ័យជាផ្លូវការនៅពេលនេះអាចបោះឆ្នោតនិងមានសិទ្ធផិកស៊ីស្រាផេស ជក់បារី និងពិសាស្ថានបាន។

[進学] ស៊ីនហ្គាគូ (ការសិក្សា)
幼稚園、小学校、中学校、高校、大学を経て就職するまで、子供の教育に必死になる親は多い。

ឪពុកម្តាយជប៉ុនភាគច្រើនតែងតែផ្តល់ការសំខាន់ណាស់ជាមួយការបំរើបំរាស់សិក្សារបស់កូនគេចាប់តាំងពីមត្តេយ្យ រហូតដល់សកលវិទ្យាល័យ។

現代家族 の形態

[核家族] ការ កាហ្សុកុ
日本で主流になっている家族形態。かつては若年層世帯の多い都市部に多かったが、現在では過疎化の進む地方でも目立つ。

"ការ កាហ្សុកុ" គឺជាទំនៃនៃគ្រួសារជប៉ុននៅរយៈបែបបច្ចុប្បន្ន។ គ្រួសារទាំងនេះពៀងនឹងមានគ្នាទៅកាមទីក្រុងធំៗដាក់ស្មេរលែកគ្រួសារក្នុងខេត្តជាថ្នាក់ថ្នងរជាច្រើន។ "ការ កាហ្សុកុ" ឬ "គ្រួសារតូច" គឺមានច្រើនធំន្វេនៅតាមទីជនបទនាពេលបច្ចុប្បន្នដោយសារអាជ្ញាធ្វនៃកូនៗ។

[共働き] ខ្យូបាតារាគី
結婚しても、夫と妻の双方が仕事を続ける場合が多く、その場合子供を持たない夫婦をDINKSとよぶ。

មានស្ថានីវីទ្យាជប៉ុនច្រើនឡើងក្រោយកេតែងតែធ្វើការបន្តបន្ទាប់ពីការរៀបការហើយ ក្នុងករណីនេះ ស្វាមីភរិយាដែលមិនមានកូនគឺ គេហៅថា ឌីងគុស (មានប្រាក់ចំណូលទ្វេ តែគ្មានកូន)។

[パラサイトシンクル] ប៉ារ៉ាស៊ីតូស៊ីងគឹរុ (លោកសិតតួ រឿងណែរ)
一定の収入があっても独立せず、結婚適齢期を過ぎても親と同居し続ける独身者のことをいう。

នៅប្រទេសជប៉ុន បុគ្គលដែលគេហៅថា "នៅជីវជាមួយឪពុកម្តាយ" គឺសំដៅលើបុគ្គលណាដែលមានប្រាក់ចំណូលនិងគ្មាន កូបិទដៃមានប្តីប្រពន្ធរស់នៅដោយឯករាជ្យ ហើយឈប់នៅជាមួយឪពុកម្តាយបើមានអាយុ៣០ឬ៤០ឆ្នាំហើយក៏ដោយ។

※3 厄年は数え年（満年齢に1つ足す）であらわされる

日本の料理

អូបជប៉ុន
ムホープ　チョポン
Dish of Japan

現代の日本では、あらゆる国の料理を楽しむことができるが、ここでは日本の代表的な料理をいくつか紹介する。

អូបប្រពៃណីរបស់ជប៉ុនជាច្រើននៅតែមានការនិយមចូលចិត្តបើទោះបីជាមានអូបបរទេសជាច្រើននៅប្រទេសជប៉ុនក៏ដោយ។

いただきます
ចាស់, អរគុណ
チャー、オークン
Yes, thank you.

お腹がいっぱいです
ខ្ញុំឆ្អែតណាស់
クニョ(ム)　チュアェッ(ト)ナッ
I'm full.

[刺身] សាស៊ីមី

新鮮な魚介類を薄切りにして盛り付けたもの。普通、ワサビを薬味にして醤油につけて食べる。

"សាស៊ីមី" គឺជាបន្ទះត្រីតូច ល្អៗដែលកាត់រៀបមកលើចាន។ គេពិសា "សាស៊ីមី" ដោយប្រើជាមួយគ្រឿងសម្ងាងហៅថា "វ៉ាសាបិ" ហើយជ្រលក់ជាមួយទឹកជ្រលក់ប្រៃពីដំណើបសៀង។

[すし] ស៊ូស៊ិ

砂糖を混ぜた酢で味した飯（すし飯）にさまざまな魚介類を薄切りにして載せたもの。

"ស៊ូស៊ិ" គឺជាម្ហូបដែលមានចំណិតសាច់សមុទ្រស្តើងៗដាក់លើបាយដែលបានលាយជាមួយទឹកខ្មេះផ្សំស្ករហៅ ថា "ស៊ូស៊ិមេស៊ិ"។

[すき焼き] ស៊ូគីយ៉ាគី

鉄鍋を使い、牛肉の薄切り肉と豆腐、しらたき、野菜などを卓上コンロで煮ながら食べる。

"ស៊ូគីយ៉ាគី" គឺជាម្ហូបដែលផ្សំឡើងដោយសាច់គោឆ្អិនតាមរយៈការស្តើងៗ តៅហ្វូ ស៊ីរ៉ាតាគី (គឺជាសារាយមួយប្រភេទ) និងបន្លែផ្សេងៗ…ល។ គេពិសា "ស៊ូគីយ៉ាគី" លើឧបករណ៍ដែលដាំលើភ្លើងដោយប្រើឡចំអិនពីក្រោម។

[天ぷら] តេមពីរ៉ា

野菜や魚介類に衣をつけて油でからりと揚げた料理。

"តេមពីរ៉ា" គឺជាសាច់សមុទ្រ ឬក៏បន្លែដែលលុបជាមួយម្សៅ ហើយចៀនក្នុងខ្លាញ់។

[しゃぶしゃぶ]
សាប៊ុ សាប៊ុ

薄く切った牛肉を沸騰した昆布だしの鍋にさっとくぐらせ、たれにつけて食べる。

"សាប៊ុ សាប៊ុ" គឺជាម្ហូបដែលគេយកបន្ទះសាច់គោស្តើងៗទៅដាក់ក្នុងឆ្នាំងទឹកភ្លៅកំបូចៈក្នុងឆ្នាំ។ រួចស្រង់ចេញមកជ្រលក់ជាមួយទឹកជ្រលក់ពិសេសមុនពេលពិសា។

[鍋もの] ណាបិមុណុៈ

大きな鍋で野菜や魚介類などを煮ながら食べる。材料や味付けによってさまざまな鍋がある。

"ណាបិមុណុៈ" គឺជាស៊ុបម្យ៉ាងដែលដាំពិនឹកនៅក្នុងឆ្នាំងធំៗដោយមានបន្លែនឹងសាច់សមុទ្រជាច្រើនមុខ។ "ណាបិមុណុៈ" នេះក៏មានរសជាតិផ្សងៗផងដែរ។

※「いただきます」は食事のはじめに、「ごちそうさま」は食事の終わりに使う。いずれも食事を作ってくれた人への感謝の言葉

私の国を紹介します

[会席料理]
កៃសេគី រ្យូរី :

酒宴のときに出される上等な日本料理。西洋料理のフルコースのように一品ずつ順に料理が運ばれる。季節に合った旬の素材が美しく調理される。

កៃសេគី រ្យូរី គឺជាម្ហូបដ៏ឧត្តុង្គឧត្តមរបស់ជនជាតិជប៉ុនក្នុងពិធីជប់លៀងមានពេលល្ងាចមួយបានឧទ្ទេសនាមជូនម្ចាស់អាហារមួយមុខម្តងៗជាលំដាប់ដូចជាពេលញ៉ាំបែបបរទេសអឺរ៉ុបដែរ។ គ្រឿងផ្សំត្រូវការគ្រឿងផ្សំដែលមានអាស្រ័យទៅតាមរដូវ។

[麺類] មេនរុយ (ប្រភេទសសៃមី)
そば粉に小麦粉、水などを加えて練り細く切ったそばと、小麦粉を練って作るうどんは日本の伝統的な麺類。

"សូបា" គឺជាប្រភេទសសៃមីមួយដែលត្រូវធ្វើឡើងដោយយកម្សៅផ្សំនឹងម្សៅស្រូវសាលី ហើយនិងទឹកលាយបញ្ចូលគ្នា...ហើយ "អ៊ូដុង" គឺមកពីការច្របាច់លាយគ្នាដោយយកម្សៅនំនិងទឹកជាសសៃមីបែបផ្សំដែលជាប្រពៃណីចាស់របស់ប្រទេសជប៉ុន។

[おでん] អូដេន
醤油のだし汁で、魚の練り製品や大根、ゆで玉子などを数時間煮込んだもの。

អូដេន គឺជាម្ហូបមួយដែលមានតង្វាយគ្រឿងផ្សំច្រើនដូចជា ប្រហិតត្រី ចៃថាវវចិន និង ស៊ុតឆ្លោះ ជាដើម។ គ្រឿងផ្សំទាំងនេះគឺត្រូវស្ងោរនៅក្នុងទឹកស៊ុបដែលលាយឡំដោយទឹកស៊ីអុីវជាច្រើនម៉ោង។

[お好み焼き]
អុកុណុមិយ៉ាគី

小麦粉に水と卵を加え、その中に野菜、魚介類、肉などを混ぜたものをテーブルにはめ込んだ鉄板で焼いて食べる。

អុកុណុមិយ៉ាគី គឺជាប្រភេទនំបែបដែលមានធាតុផ្សំដូចជា ម្សៅ ទឹក លាយជាមួយស៊ុត រួមទាំងគ្រឿងផ្សំច្រើនទៀតទៀតដូចជា បន្លែ គ្រឿងសមុទ្រ និងសាច់គេដុតនៅលើគ្រឿងឧបករណ៍ដែកដែលគេរៀបរាប់ពីដើមក្រោយ។

[定食] តេសស៊ុគុ
家庭的なおかずとご飯と味噌汁をセットにしたメニューで、学生から社会人までランチメニューとして人気。

តេសស៊ុគុ គឺជាម្ហូបដែលបម្រើមួយពេលដែលមានបន្ថែម តាមម្ហូប ស៊ុប និងទឹកស៊ុបមីសូ (ធ្វើពីសណ្តែកសៀង) ។ អាហារបែបនេះគឺត្រូវនិយមណាស់សម្រាប់សិស្ស និងអ្នកធ្វើការ។

[焼き鳥] យ៉ាគីតុរី
一口大に切った鶏肉や牛、豚の臓物を串に刺してあぶり焼きにする。甘辛いたれをつけたものと塩味のものが選べる。

យ៉ាគីតុរី គឺសំដៅទៅលើ ចំណិតសាច់មាន់ សាច់គោ និងសាច់ជ្រូកដែលគេយកមកចាក់ជាចង្កៀបដែកហើយ អាំងក្រៀម ។ គេអាចពិសារវាជាមួយទឹក "តារេ" (មានរសជាតិផ្អែមល្វីងល្វៃ) ឬមើមគ្រឹបនឹងអំបិល។

食事のマナー
អរបៀបបទបរិសារអាហាររបៀប

ご飯、汁物を食べるときは、茶碗、汁椀を胸のあたりまで持ち上げる。

ស៊ីបរិភោគជនជាតិជប៉ុននៅពេលពិសារពិសារបាយឬឆា ហួតអាហាររៀបរួយលើកគ្រឿងបំពេរីពីកាតាសន្លើងក្រោមជើងក្រោម។

刺身の盛合せや漬物など共用の箸が添えられているものは、その箸を使って少量を自分の皿に取り分ける。

នៅពេលពិសារសាស៊ីមី ឬបរិភោគ្រឿង (ជ្រក់) ដែលបណ្តាក់មកជាមួយគ្នា គឺត្រូវប្រើចង្កឹះដើម្បីពិសារ។

汁物を食べるときは椀や器に直接口をつけて静かに食べる。

មិនត្រូវឲ្យអោយមានសំឡេងនៅពេលហូបស៊ុប និងពាកពីទឹក។

茶碗のご飯は最後のひと粒まで残さず食べる。食べ終わったら箸をきちんと箸置きにおいて、食べ始めの状態に戻す。

ការឲ្យនាយជាមួយមេនអសំលេងស៊ូទើក្នុងមួយពេរីគឺជាសំខាន់ណាស់បន្ទាប់ពីបានពេលពិសារសាច់រួចគឺគួរដាក់ចង្កឹះនៅលើ បង្ហាក ច្ឆូស្ថូលដើម្បី។

日本の生活

ជីវិតប្រចាំថ្ងៃ
របស់ជនជាតិជប៉ុន
チヴット プロチャム
トガイ ロボッ
チョンチエッ チョポン
Life of Japan

すまい
ផ្ទះ សំបែង

日本の住居は独立した一戸建てと、複数の住居が一棟を構成する集合住宅とに大別される。地価の高い都心では庭付きの一戸建てに住むのは難しく、マンションなどの集合住宅が人気。

ការរស់នៅរបស់ជនជាតិជប៉ុនគឺបែកជាពីរផ្នែកធំៗ គឺ ការរស់នៅផ្ទះដាច់ពីគ្នា:ជីមួយនិងការរស់នៅផ្ទះជា លក្ខណ:ប្រមូលផ្តុំជាក្នុងខ្ទម (រៀងរៀមា) ជាដើមា ជនជាតិជប៉ុនច្រើនរស់នៅជាលក្ខណ:ប្រមូលផ្តុំនៅតាម ទីក្រុងធំៗ ពីព្រោះតិថ្លៃនៃការរស់នៅ គឺមានតំលៃឡើងសំណាស់នៅតាមទីក្រុងធំៗ ។

カンボジアにも○○は ありますか？

តើអ្នកមាន ○○ ទេនៅប្រទេសខ្មែរ?

タウ ネアック ミエン○○テー ナウ
プロテッ クマエ
Do you also have ○○ in Cambodia?

[和室] បន្ទប់បែបជប៉ុន

伝統的な日本特有の部屋。床はイグサで作られた畳を敷き詰め、空間は、紙と木で作られた障子で仕切られている。靴、上履きのような履物は脱いで入る。

ប្រភេទបន្ទប់នៃបែបជប៉ុនមានពិសាលក្រាលដោយកន្ទេល មានកាំរស់ ក្រាសឡើពីស្បែកដែលបន្ទប់នីមួយៗចំណោះដោយកម្រាលក្រាសពីក្រដាសនិងឈើ មុននឹងចូលទៅក្នុងផ្ទះ ជនជាតិជប៉ុនតែងតែដោះស្បែកជើងជាមុន។

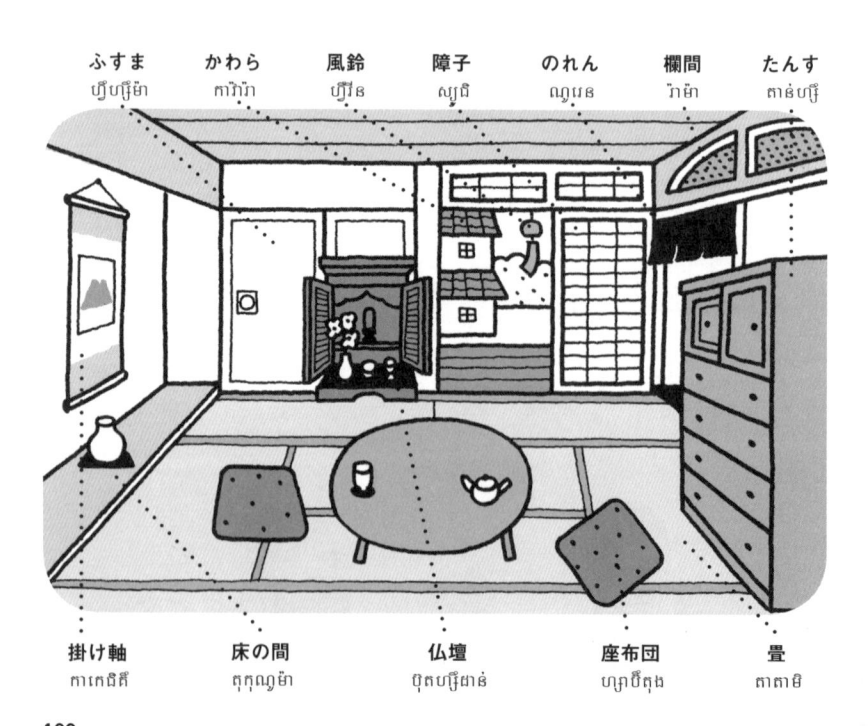

ふすま	かわら	風鈴	障子	のれん	欄間	たんす
ហ៊ូស៊ូម៉ា	ការ៉ាវ៉ា	ហ៊្វូរីន	ស៊្សូជី	ណូរេន	រ៉ាមា	តាន់ស៊ូ

掛け軸	床の間	仏壇	座布団	畳
កាកេជិគឹ	តុកុណូម៉ា	ប៊ុតបឹរ្យាន់	ហ្សាប៊ីតុង	តាតាមិ

娯楽

ការកំសាន្ត ហ្សឹរាគី

私の国を紹介します
ព័ត៌មានអំពីប្រទេសជប៉ុន

[プリクラ] កម្មវិធីថតរូប ព្រីគឺរ៉ា
設置された画面を操作しながら写真を撮り、数十秒でシールにできる機械。特に女子学生に人気。

ព្រីគឺរ៉ា " គឺជាឧបករណ៍មួយប្រភេទដែលគ្រាន់តែចុចប៊ូតុង ឬចុច
ទៅលើក្រៅតែប៉ុណ្ណោះ រូបថតនេះក៏ជាប់លើក្រដាសអំបិលហ្គាដែលអាច
បិតបានដោយសំរាបពេលមិនដល់មួយនាទីទេ។ " ព្រីគឺរ៉ា "
ប្រើប្រាស់ជាពន្លែងដែលក្មេងសិស្សសាលាស្រីៗចូលចិត្តទៅផ្សព្វ។

[カラオケ] "ការ៉ាអូខេ"
街のいたるところにカラオケ店があり、老若男女に楽しまれている。

នៅប្រទេសជប៉ុនមានហាង "ការ៉ាអូខេ" មានស្ទើរតែ
គ្រប់ទីក្រុងទាំងអស់ ដែលមនុស្សគ្រប់វ័យស្រីប្រុស
អាចចូលទៅច្រៀងលេងបានទាំងអស់។

[パチンコ] ប៉ាជីនកូ
パチンコは、大人向けの娯楽の代表である。遊ぶことができるのは 18 歳から。機種ごとにルールは異なる。玉がたくさんたまったら景品に交換できる。

" ប៉ាជីនកូ "គឺជាកន្លែងកំសាន្តមួយប្រភេទសំរាប់មនុស្សវ័យចាស់
ប្រជំណ៏ដ៏ល្បីមួយកន្លែងដែលអាចចូលលេងបានត្រូវមានអាយុលើ
សពី១៨ឆ្នាំឡើងទៅបានលេងហើយម៉ាស៉ីនត្រូវបាត់មានត្បិះប្រភេទ។
វាគីជាល្បែងដែលបោកគ្រាប់នឹង ឪពុកបានចំប៉ុងខ្វោធ្រាប់ច្រើន ប្រសិ
នបើអ្នកលេងឈ្នះគ្រាប់ប៉ុងខ្វោធ្រាច្រើនអ្នកនោះអាចយកគ្រាប់នោះទៅ
ផ្លាស់ប្ដូរបាន។

[ゲームセンター] ហ្គេមសិនធរ
さまざまなゲーム機器が揃っている遊技施設。子供だけではなく、学生やサラリーマンが楽しむ姿も多くみられる。

ហ្គេមសិនធរគឺជាទីកន្លែងលេងហ្គេមជាច្រើនបែបនឹងឧបករណ៏ស៉ីនដែមហ្គេមគ្រប់ប្រភេទ។
អ្នកចូលទៅលេងកំសាន្តនោះមិនមែនតែក្មេងៗអាជីពកូនហ្គេមតែប៉ុណ្ណោះទេ នឹង
អ្នកធ្វើការជាដើម។

[麻雀] ល្បែង ម៉ាចុង
1920 年代に中国から伝わったゲーム。最初に 13 個の牌を持ち、トランプのように引いては捨て、を繰り返し、決まった組合せを考える。

"ម៉ាចុង " គឺជាវប្បធម៍លេងមួយប្រភេទដែលនាំចេញពីប្រទេសចិននៅវ៉ាំ
១៩២០។ អ្នកលេងម្នាក់ៗកាន់គីមានគ្រាប់ចំនួន ១៣ ហៅថា "ផៃលេ "
នៅពេលចាប់ផ្ដើមប្ដូរយក អ្នកលេងកាន់គីមានឬប៉ោល "ផៃយ "
នឹងយកទៅដើរឬប៉ូទឿ ដែរ"ទោះអោយទៅជាអ្វីដែលគេចង់បានផ្ដូរថាការ
លេងត្រៀគីប្រាំ។

[マンガ喫茶] ហាង ម៉ាំងហ្គាគីសា
一定の料金を支払えば、ドリンクや軽食と共にマンガや雑誌を閲覧できる店。インターネットや仮眠施設を備えているところも多い。

"ម៉ាំងហ្គាគីសា " គីជាហាងប្រភេទមួយដែលអ្នកអាចចូលអានរឿងកំប្លុ
ជីវលេងនឹងទស្សនាវត្តិមានមួយចំណែកហើយផឹក នឹងអាហារសំរាប់បានទ
ការពិសាប្រការសំរាប់ទៅលើថ្លៃបង្ហាន់ដែលបានលេន។
ហាង "ម៉ាំងហ្គាគីសា " ភាគច្រើនមាន អ៊ីនធើណេតនឹងបន្ទប់ជាគង់សំរាប់
បំណាក់ថែរ។

[競馬・競輪・競艇]
ល្បែងភ្នាល់ "ខេបា ខេរីង ក្យូតេ" 

日本で法的に認められているギャンブル。競馬は国内に点在する競馬場や場外売り場で馬券を購入する。

ការប្រណាំងសេះ កប៉ាល់ នឹងកង់លេខទីរស់ទូន
គីជាល្បែងស៉ីសង្រប់ស្របច្បាប់នៅប្រទេសជប៉ុន។
អ្នកអាចចូលឬប្រជែប្រីទ្បីខ្សល់បើផ្សេងលេខទាំងនេះនៅទីលានឬ
ណាំមិនតែម្នាក់ក្ពី៊នៅតាមកន្លែងទិភាគវិញយ្យាល់ភ្នាល់។

[温泉] អុនសែន
世界有数の火山国である日本には温泉が数多くある。泉質によってさまざまな効能があるが、何よりゆったりリラックスできるので多くの人が休日を利用して温泉を訪れる。

ដោយសារប្រទេសជប៉ុនជាប្រទេសមួយភ្នំភ្លើងច្រើនគេបានរៀបចំទីកន្លែងអាងងូតទឹក
ភាពល្បឿនច្រើនបែបដែរៈ ទើបប្រទេសជប៉ុនហៅដោយ "អុនសែន " ឬ
ហៅម៉្យាងទៀតថា កន្លែងងូតទឹកក្ដៅធម្មជាតិ។ ម្យ៉ាងវិញ មនុស្សភាគច្រើន
ច្រើននិយមទៅ "អុនសែន " មានស្ទើរកាលឈប់
សំរ្បការពុលបាលខ្យល់ផ្សេងៗជាពិសេសក៏ធ្វើអោយមានសុខភាពល្អនិងអារម្ម
ណ៏ស៊ីកាត់ស្រួល។

column ～「クメール語」マスターへの道～

コミュニケーションの秘訣

カンボジアは笑顔で得をする？

カンボジア人はとても親しみやすく、明るくて優しい。具合が悪いときでも笑顔を忘れないほど、彼らにとってサバーイ（楽しい）の精神はとても重要なのだ。こちらが「サバーイ？（楽しい？）」と聞けば必ず「サバーイ（楽しい）」と返ってくるのがあたり前。カンボジア人には子供から大人までこの精神が宿っているから、どんなつらいときでも冗談を言って笑って過ごせるし、こちらからいい笑顔を見せると、それに応えてくれるかのようにとても親切にしてもらえたりする。ショッピングで値段交渉をするときにも、満面の笑顔を見せるのがコツ。せかせかと深刻に話すよりも、ぐっと成功率が高まるに違いない。

「どこ行くの？」「ご飯食べた？」が、日常のあいさつ

親しくなった人同士のあいさつは「タウ ナー？」（どこ行くの？）。これが口をついて出てくるようになれば、カンボジア人と自然なコミュニケーションが取れるようになった証拠だ。また、カンボジア人にとって「ニャム バーイ ハウイ？（ご飯食べた？）」も日常の軽いあいさつ。とは言っても特にその答えを期待しているわけではなく、日常のあいさつとして受け止めておけばいい。カンボジア人からこういった声をかけられたら、あまり真剣に考えず、気軽に「タウ ダウ レーン（散歩に行く）」や「ニャム バーイ ハウイ（食べた）」と答えよう。

カンボジアでも人気、日本の歌

カンボジア人は歌や踊りが大好き。最近はテレビの影響もあって、街なかではいろいろな国の音楽が聞こえてくるので楽しい。もちろん日本の歌も現地の歌手にカバーされて歌われていたり、人々が手にしている携帯の着メロに使われていたりと、いろいろなところで耳にすることがあるだろう。カンボジア語がわからなくても、お互いに知っている日本の歌や英語の歌を歌えば楽しいコミュニケーション手段になるに違いない。また、カンボジアにも十二支があるので、これも話のネタに使える。初対面の人にも「干支は何年ですか？（チュナム ナー？）」と尋ねれば、たちまち相性占い、運勢占いが始まる。コミュニケーションを深めるにはうってつけだ。

初対面でも、下の名前で呼ぶのがマナー

日本では初対面の人に対して苗字を呼ぶのが一般的だが、カンボジアでは苗字は父親や祖父の名前から取るのが一般的なので、これで呼びかけるのはその人の父親や祖父を呼ぶということになるので、とても失礼にあたってしまう。そのためカンボジア人に対しては、初対面でも下の名前で呼ぶのがマナー。反対にあちらから呼ばれる場合にも、何も言わないといきなり下の名前を呼ばれることになり驚くが、慣れてしまえばこのほうがかえって日本人にとっては、親しみやすさを覚えてくる。

カンボジアで会話を楽しむための基本情報が満載

知っておこう

カンボジアまるわかり ——————————— 126
クメール語が上達する文法講座 ——————— 128
カンボジアにまつわる雑学ガイド ——————— 134
50音順クメール語単語帳（日本語→クメール語）— 136

カンボジアまるわかり

カンボジア王国　　Kingdom of Cambodia

国のあらまし　カンボジア VS 日本

	カンボジア	日本
面積	18万1035km²	37万7914.78km²
人口	約1300万人（2008年）	約1億2775万3000人（2007年）
政体	立憲君主制	立憲君主制
国歌	ノーコーリッチ	君が代
首都	プノンペン（人口約130万人、2008年）	東京（人口約1275万8000人、2007年）
公用語	クメール語（カンボジア語）	日本語

カンボジア　旅のヒント

【時差】
日本とカンボジアの間には2時間の時差があり、カンボジアのほうが日本より遅れている。日本が正午のときカンボジアは午前10時。サマータイム制は導入していない。

【通貨】
リエル（Riel បៀល）。変動相場制で、100リエル＝約2.6円、1USドル＝約4000リエル（2008年12月現在）

【電圧】
交流220ボルト/50ヘルツ。日本（100ボルト/50～60ヘルツ）とは違うので、海外対応以外の日本の電化製品は変圧器とアダプター（A,B,B3,BF,C）が必要。

【チップ】
基本的にチップの習慣はないが、高級レストラン、ホテルなどでは少額のチップを渡すのが一般的。高級レストランなら1～2ドル、ベルボーイやルームサービスなどには1ドル前後、サービス料が含まれているレストランでは基本的にチップは不要。ただし、特別なことをお願いした場合には気持ちとしてあげよう。地元の人たちが行くレストランでも、意外とチップを渡していく様子が見られる。不慣れな人は、会計の時にテーブルにそっと置いて出よう。

【郵便】
切手は郵便局で購入できる。記念切手は、国王即位などの際に出るレアものが多い。街頭にポストはあるが、あまり目立たないので郵便物は郵便局へ持参するか、ホテルのレセプションに頼むといい。日本への航空郵便は、はがきが2000リエル～（重さで値段が決まる）、封書は10グラムまで2240リエル、20グラムまでが2320リエル、30グラムまでが5480リエル、以降10グラムごとに80リエル加算され、最大重量2キロまで。

温度比較

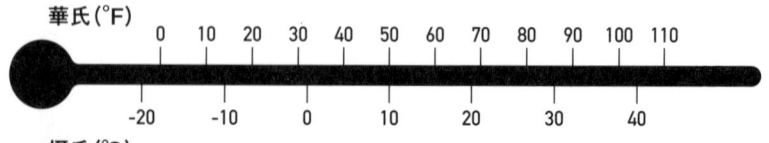

華氏（°F）

摂氏（℃）

温度表示の算出の仕方　℃＝（°F－32）÷1.8　　°F＝（℃×1.8）＋32

度量衡

長さ

メートル法		ヤード・ポンド法				尺貫法			
メートル	キロ	インチ	フィート	ヤード	マイル	海里	寸	尺	間
1	0.001	39.370	3.281	1.094	-	-	33.00	3.300	0.550
1000	1	39370	3281	1094.1	0.621	0.540	33000	3300	550.0
0.025	-	1	0.083	0.028	-	-	0.838	0.084	0.014
0.305	-	12.00	1	0.333	-	-	10.058	1.006	0.168
0.914	0.0009	36.00	3.00	1	0.0006	0.0004	30.175	3.017	0.503
1609	1.609	63360	5280	1760	1	0.869	53107	5310.7	885.12
0.030	-	1.193	0.099	0.033	-	-	1	0.100	0.017
0.303	0.0003	11.930	0.994	0.331	0.0002	0.0002	10.00	1	0.167
1.818	0.002	71.583	5.965	1.988	0.001	0.0009	60.00	6.00	1

重さ

メートル法			ヤード・ポンド法		尺貫法		
グラム	キログラム	トン	オンス	ポンド	匁	貫	斤
1	0.001	-	0.035	0.002	0.267	0.0003	0.002
1000	1	0.001	35.274	2.205	266.667	0.267	1.667
-	1000	1	35274	2204.6	266667	266.667	1666.67
28.349	0.028	0.00003	1	0.0625	7.560	0.008	0.047
453.59	0.453	0.0005	16.00	1	120.958	0.121	0.756
3.750	0.004	-	0.132	0.008	1	0.001	0.006
3750	3.750	0.004	132.2	8.267	1000	1	6.250
600.0	0.600	0.0006	21.164	1.322	160.0	0.160	1

面積

メートル法		ヤード・ポンド法		尺貫法		
アール	平方キロメートル	エーカー	平方マイル	坪	反	町
1	0.0001	0.025	0.00004	30.250	0.100	0.010
10000	1	247.11	0.386	302500	1008.3	100.83
40.469	0.004	1	0.0016	1224.12	4.080	0.408
25906	2.59067	640.0	1	783443	2611.42	261.14
0.033	0.000003	0.0008	-	1	0.003	0.0003
9.917	0.00099	0.245	0.0004	300.0	1	0.100
99.174	0.0099	2.450	0.004	3000.0	10.000	1

体積

メートル法			ヤード・ポンド法		尺貫法		
立方センチ	リットル	立方メートル	クォート	米ガロン	合	升	斗
1	0.001	0.000001	0.0011	0.0002	0.006	0.0006	0.00006
1000	1	0.001	1.057	0.264	5.543	0.554	0.055
-	1000	1	1056.8	264.19	5543.5	554.35	55.435
946.35	0.946	0.0009	1	0.25	5.246	0.525	0.052
3785.4	3.785	0.004	4.00	1	20.983	2.098	0.210
180.39	0.180	0.00018	0.191	0.048	1	0.100	0.010
1803.9	1.804	0.0018	1.906	0.476	10.00	1	0.100
18039	18.04	0.018	19.060	4.766	100.00	10.00	1

華氏(°F)	96	97	98	99	100	101	102	103	104	105	106	107	108
摂氏(°C)	35.5	36.1	36.6	37.2	37.7	38.3	38.8	39.4	40.0	40.5	41.1	41.6	42.2

クメール語が上達する文法講座

講座1　文字と発音について学ぼう

クメール語の特徴は、とにかく発音が複雑なこと。子音の数は33、母音は23。加えて音の変化を示す記号がいっぱい複雑に絡み合う。しかし、カンボジア語のいいところは、文法が簡単なこと。たとえば、時制も厳密にはあるのだが、市場へ行く＋昨日、今日、明日とつければ時制を表せる。基本的には英語と同じだと思っておけばいい。まずは文字の基本となる子音文字と、それに組み合わせる母音文字を覚えることから始めよう。

①子音文字

読み方→

k (コー)	kh (コー)	K (コー)	Kh (コー)	Ng (ゴー)
ក	ខ	គ	ឃ	ង

脚→

c (チョー)	ch (チョー)	C (チョー)	Ch (チョー)	Ny (ニョー)
ច	ឆ	ជ	ឈ	ញ

d (ドー)	th (トー)	D (ドー)	Th (トー)	n (ノー)
ដ	ឋ	ឌ	ឍ	ណ

t (トー)	th (トー)	T (トー)	Th (トー)	N (ノー)
ត	ថ	ទ	ធ	ន

b (ボー)	ph (ポー)	P (ポー)	Ph (ポー)	M (モー)
ប	ផ	ព	ភ	ម

Y (ヨー)	R (ロー)	L (ロー)	V (ヴォー)	
យ	រ	ល	វ	

s (ソー)	h (ホー)	l (ロー)	(o) (オー)	
ស	ហ	ឡ	អ	

■母音文字と子音文字

クメール語には、子音文字と母音文字の2種類があり、これに音の変化を示す記号を加えて言葉にしていく。たとえば子音文字 ក はこの文字だけだと「コー」と読むが、これに母音文字 ា「アー」をぷらっすると កា となり、「カー」と読むことができる。このように、子音文字と母音文字の組み合わせを覚えるだけで、一気に上達は早くなる。

■発音文字

子音や母音の音の変化をさせる場合に使われるのが発音文字。この文字がつくことで今まで発音していた子音が消されたり音が短くなったりという効果がある。通常、文字の上につく。

■文字並びのパターン

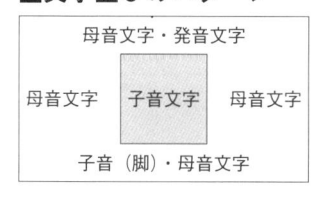

```
        母音文字・発音文字
  母音文字 [ 子音文字 ] 母音文字
        子音（脚）・母音文字
```

カンボジア語の文字の書き方を少し見てみよう（左表）。格となる子音の上下左右に母音文字、子音文字（脚）、発音文字がついて構成されている。

例）

子音+母音	សា	សេ	សូ
	サ	セ	ソ

子音+二重母音	សៅ	សី	សំ	សុះ
	サォ	サゥ	サム	ソッ

二重子音+母音	ស្សា
	ッサ

二重子音+二重母音	ស្តៅ	ស្តុំ
	スダォ	スドム

子音+母音+発音文字	សាំ
	サ

（実際にこの発音はないが、書き方の例として提示）↑

②母音文字（○）の部分に子音文字が入る

アー	イア	ア、エ	イ、ウ	アィ	イー	ア	ウ	ウー	ウー
○ា		○ិ		○ី		○ឹ		○ឺ	

オ	ウ	オー	ウー	ウォ	ウォ	アゥ	ウー	ウァ	ウァ
○ុ		○ូ		○ួ		េ○ើ		េ○ឿ	

イア	イア	エー	エー	アェ	エー	アィ	エイ	アォ	オー
េ○ៀ		េ○		េ○ែ		េ○ៃ		េ○ា	

アゥ	アゥ	オム	ウム	オム	ウム	アム	オァム	アッ	エアッ
េ○ៅ		○ុំ		○ំ		○ាំ		○ះ	

オッ	ウッ	エッ	エッ	オッ	ウォッ
○ុះ		េ○ះ		េ○ាះ	

*左の子音の種類（網掛けあり、なしで分類）に対応しく、一つの母音の発音の仕方が二通りになる。

講座2　文法について学ぼう

カンボジア語の文法は比較的簡単。基本的には英語と同じように日本語とは逆のSVO型の文法体系になる(日本はSOV)。いくつかの基本文型と名詞の修飾語の順序を覚えてしまえば、あとはそれほど難しくないので、あまり構えないで気楽に勉強していこう。

■カンボジア語と日本語の比較
●語順 (私は市場へ行きます)

[カンボジア語の語順]	[日本語の語順]
私　＋　行く　＋　市場 主語(S)＋述語(V)＋目的語(O) ខ្ញុំទៅផ្សារ クニョ(ム)　タウプサー	私　＋　市場　＋　行く 主語(S)＋目的語(O)＋述語(V)

●形容詞・形容動詞の名詞修飾 (大き家)

家　＋　大きい ផ្ទះធំ プテァットム	大きい　＋　家

■基本文型

カンボジア語の基本文型は「主語＋述語＋目的語」である。ここではいくつかの基本文型を確認しておこう。

1.主語＋動詞

子供　泣く កូន យំ コーン　ヨ(ム) 子供が泣く	時計　壊れる នាឡិកា ខូច ニャレッカー　コーイ 時計が壊れる

2.主語＋～だ／です＋補語(名詞)

私　です　学生 ខ្ញុំជាគ្រូ クニョ(ム)　チァ　クルー 私は学生です	それ　だ　本 នេះជាសៀវភៅ ヌッ　チァ　シウバウ それは本だ

3.主語＋修飾詞 (形容詞・形容動詞など)

彼女　きれい គាត់ស្អាត コアッ(ト)　スアー(ト) 彼女はきれいだ	これ　重い នេះធ្ងន់ ニッ　トゴン これは重い

4.主語＋動詞＋目的語 (～を、～が、～に)

私　好き　あなた ខ្ញុំស្រលាញ់អ្នក クニョ(ム)　スロラン　ネァッ(ク) 私はあなたが好きです	彼　行く　日本 គាត់ទៅជប៉ុន コアッ(ト)　タウ　チョポン 彼は日本に行きます

■否定文

否定文の基本形は、動詞・形容詞の前に「～ない」という意味の「マンមិន」を、名詞の前に「～ではない」という意味の「マンメーンមិនមែន」を置く形の2つである。また、「～できない」のような場合は、動詞ではなく可能を表す「アーイកាច」の前に「マン」を置き、「マンアーイមិនកាច」とする。

私　ない　好き　コーヒー ខ្ញុំមិនចូលចិត្តកាហ្វេ クニョ(ム)　マン　チョー(ル)　チェッ(ト)　カフェー 私はコーヒーが嫌い	彼　ではない　学生 គាត់មិនមែននិស្សិត コアッ(ト)　マンメーン　ニッセッ(ト) 彼は学生ではない

■疑問文

疑問分を作るには、文頭に「タゥ តើ」をつけたうえで文末に「～(です)ね?」「～(です)か?」「～ないのですか?」「もう～かどうか」の意味を持つ「疑問詞」を使用する方法と、「疑問代名詞」の「何、何の」「誰」「いつ」「どこ」「いくら」「どのように」「なぜ」を使用して疑問文を作る方法がある。

1. 文末に以下の疑問詞をつける場合

● ទេ テー
ある＋トイレ＋〜か？

តើមានបន្ទប់ទឹកទេ ?
タウ　ミェン　ボントゥ(プ)　トゥッ(ク)　<u>テー</u>?

トイレはありますか？

● ឬទេ ルーテー
行く＋シェムリアップ＋〜か？

តើទៅសៀមរាបឬទេ ?
タウ　タウ　シェムリャッ(プ)　<u>ルーテー</u>?

シェムリアップへ行きますか？

● មែនទេ メーンテー
彼女＋である＋教師＋〜ですね？

គាត់ជាគ្រូ មែនទេ ?
コアッ(ト)　チァ　クルー　<u>メーンテー</u>?

彼女は教師ですね？

2. 疑問代名詞を用いる場合

これ＋何

នេះជាអ្វី ?
ニッ　チァ　<u>アヴァイ</u>?

これは何ですか？

誰＋来る＋遊ぶ

<u>អ្នកណា</u>មកលេង ?
<u>ネアッ(ク)　ナー</u>　モー(ク)　レーン?

誰が遊びに来ますか？

帰る＋いつ

ត្រឡប់ទៅវិញនៅពេលណា ?
トロロッ(プ)　タウヴェン　ヌー　<u>ペールナー</u>?

いつ帰りますか？

■時制の表現

カンボジア語には時制による動詞、形容詞の語形変化がない。時制をあらわす助動詞があるが、「昨日」「今日」「明日」など具体的な単語をつければ時制を表現できてしまう。

1. 現在

私＋行く＋家＋あなた

ខ្ញុំទៅផ្ទះអ្នក
クニョ(ム)　タウプテァッネアッ(ク)

私はあなたの家に行く

2. 進行

〜している＋見る＋テレビ

កំពុងមើលទូរទស្សន៍
<u>コンポンムー(ル)</u>　トゥールトゥッ

テレビを見ている

3. 未来

母＋私＋（未来）＋行く＋日本

ម្តាយខ្ញុំនឹងទៅជប៉ុន
マダーイクニョ(ム)　<u>ヌン</u>　タウチョポン

私の母は日本へ行きます

来年＋母＋私＋行く＋日本

ឆ្នាំក្រោយម្តាយខ្ញុំទៅជប៉ុន
<u>チュナ(ム)　クライ</u>　マダーイクニョ(ム)　タウチョポン

来年私の母は日本へ行く

4. 完了

食べる＋ごはん（完了）

ញុាំបាយហើយ
ニャンバイ<u>ハオイ</u>

ご飯を食べました

5. 過去

母＋私＋（過去）＋行く＋シェムリアップ

ម្តាយខ្ញុំបានទៅសៀមរាប
マダーイクニョ(ム)　<u>バーン</u>　タウ　シェムリャッ(プ)

知っておこう

カンボジアにまつわる雑学ガイド

1 ご飯は大切な時間

カンボジア人にとってご飯の時間は家族とのコミュニケーション作りの時間であり、1日の中でも非常に大切なひととき。レストランなど外食産業が盛んになってきた都市部の人々でも、ランチの時間は家に戻り、家族団欒の食事をするという人が多い。「ごはん食べた？（ニャム バーイ ハウイ？）」は人々のあいさつ代わりになっているほどだ。カンボジア人に食事に誘われる機会があれば、ぜひお呼ばれしてみよう。食事の始まりは、家主などが「さあ、どうぞ」と声をかけてくれるので、「はい（バーッ/男性、チャーッ/女性）」と言ってそのまま自然に食事を始めてよい。日本の「いただきます」にあたる言葉はない。カンボジア料理は野菜や肉のスープ、魚の揚げ物、野菜炒め、煮物など、馴染みの多いものが多く、全般的に辛さのないあっさりした味。これを大皿に盛られたご飯と一緒に、スプーン、フォーク、箸を駆使して分け合って食べる。またカンボジアには、小魚のはらわたを取り除き、身をすりつぶして発酵させた「プラホック」と呼ばれる調味料があり、一般家庭の食卓に出てくることも多い。しかしこれが、なんとも匂いが強く、日本人なら最初は抵抗を感じるかもしれないが、カンボジア人はこれが大好き！　これだけをおかずにご飯を食べるほど。さらにマナーとして、一般的には年長の者が先に食べ、子供や若年者は年長者が食べ終わったあたりで食事の輪に加わる。食べ終わったら次の者のためにさっさと場を離れよう。日本の「ごちそうさま」にあたる言葉もないので、「とてもおいしかった（チュガンニュナッ）」とひと言。しかし、食事が終わってブラブラ散歩しているとまた別の人から声がかかることも。「ごはん食べた？（ニャム バーイ ハウイ？）」。こちらも「もう食べたよ（ニャム バーイ ハウイ）」と返すが、もっと食べていけという仕草で家に招かれそうになるので、今度は「もうお腹いっぱいだ！（チャエット ハウイ！）」を繰り返せば、何とか解放される。いずれにしても、カンボジアでよく見かける風物詩だ。

2 好きな色 No.1 はピンク色

カンボジア人に「好きな色は？（チョール チェッ ポア アヴェイ？）」と聞いたら必ず上位に挙がるのがピンク色。洋服や家具はまだしも、とうとう最近ではピンク色のホテルまで出来てしまったほどだ。ピンク色は「蓮の花の色（ポア ブカーチュック）」と表現される。カンボジア人は蓮が大好きで、献花に使ったり、蓮の実を食べたり日常生活には欠かせないのだが、そのため老若男女の区別なく蓮の花のイメージでピンクが好きなのだとか。

3 マナーの違い

日本ではマナー違反でも、カンボジアではOK！という事は結構ある。物を食べる時に「クチャクチャ　クチャクチャ」音を立てれば、カンボジアでは「おいしそうに食べてるね！」と好印象。政府の高官だって高級ホテルのレストランで、これをやってしまうほど普通のこと。赤ちゃんを寝かしつける時、ハンモックに寝かせるのはいいが、揺らし方がすごい。左右約180度の水平になるくらいのハイスピードで揺らす。日本は今や「乳児揺さぶり症候群」という母子手帳にも記載される禁忌事項なのに…。人の顔をじろじろと無遠慮に見たり、家の中を勝手に覗いたりするのも、親しみの表れ。それにいちいち目くじら立てて「何か用？」とか思う日本人の方が「どうしたの？」ということになる。さらにカンボジア人にとって頭は神聖な場所。可愛いからといって子供の頭を撫でてはいけない。またスカートやズボンを頭より上にしてはいけない。たとえばスカートをはく場合は必ず足からで、頭から被ってはいけない。洗濯して干しているスカート、ズボンの下をくぐってはいけない。そして、カンボジア人は赤ちゃんの頭の形にこだわる。後頭部が絶壁だったり、頭がちょっと歪んでいると、「かわいそう」ということになる。マナーや常識の違いはいろいろある。

4 使い方に苦労する「ボーン」と「プオーン」

カンボジア語で兄弟姉妹を意味する言葉「ボーン（お兄さん、お姉さん）」と「プオーン（弟、妹）」。このカンボジア人が使う兄弟姉妹の定義は非常に広い。「私のお姉さんです」と紹介された人が実はまったく血縁のない人であったり、従兄のそのまた親戚のお姉さんだったり、ということは日常よくあること。彼らもそれだけ親しみを込めた、という程度の意味でしかなく、血縁であるかどうかという線引きはあまりないようだ。実際は「実兄弟（ボーン　プオーン　ボンカウツ）」という言葉があるように、必要に合わせて実兄弟をちゃんと使い分けてはいる。また、夫婦においても夫のことを「お兄さん（ボーン）」とまったく同じボーン（夫）と呼ぶから、混乱することもしばしば。親しい間柄になれば、名前よりもボーン（お兄さん、お姉さん）、またはプオーン（弟、妹）と呼びあうことがあるが、一般的に異性同士は「ボーン」「プオーン」と呼びあわない方が誤解はない。またカンボジア人同士では「ボーン」「プオーン」としか呼びあわず、名前を知らなかった、ということもある。突然電話がかかってきて「ハロー、ボーン（お兄さん、お姉さん）だよ。元気？」と言われても我々には誰のことやら分からない。ところがカンボジア人はすぐに会話の中から「やあ、プノンペンの材木店のボーン（お兄さん、お姉さん）ですね」などと瞬時に了解するのだ。旅行者にとって「ボーン」と「プオーン」は実にわかりにくい。

5 万能手ぬぐい「クロマー」

クロマーとは伝統的にカンボジアで織られている、主にシルクや綿でできた薄手の「手ぬぐい」。マフラーくらいのものからバスタオルサイズまでさまざまな種類がある。日本で言うところの風呂敷にあたる万能の手ぬぐい状の布で、これを持っていないカンボジア人はいないと言っていい。用途も首に巻けばスカーフ、頭に巻けば帽子、顔に巻けばマスク、腰に巻けばベルト、首から下げて汗ふきタオル、肩から掛ければバックや赤ちゃんの抱っこひも、木に結びつけて赤ちゃんのハンモック…などなど実に多様。色や素材もいろいろなものがあり、高級シルクから綿のものまでこれまた多様。気軽な値段で市場で買えるものなので、カンボジアに行ったらぜひ買いたい一品。柄はタータンチェックのものから、最近はデザイン性の高いしゃれた趣向の凝らされたものまでさまざま売られている。買うほうも迷ってしまうほどだ。

6 恐怖の民間療法 コクチョール

カンボジアには具合が悪くなると行う「コクチョール」と呼ばれる民間療法がある。これは病人の背中や胸など体に油を塗り、その部分をコイン状の金属で思いっきりこするという荒療治。こすられた部分は真っ赤になるが、血流がよくなって悪いものが体から出ていくといって、カンボジア人は好んでこの療法を実践する。しかしこの療法、絶叫を上げるほど痛く、しかも体中を何箇所もこすられるので、終わったころにはあまりの痛さに本来の病気の痛みを忘れてしまう、という意外な効果はあるかもしれない。果たして本当に病に効いているのだろうか…。

7 男の訓、女の訓

カンボジアには「男子訓（チュバップ プロッ）」「女子訓（チュバップ スレイ）」などと呼ばれる訓話があり、男女の役割、生活態度などを示した伝統的な指針となっている。特に女性には厳しいものが多く、「口笛を吹いてはいけない」、「手を上にあげて伸びをしてはいけない」、「頬杖をついてはいけない」、「お酒やタバコを飲んではいけない」等など。これでも近年はずいぶんゆるくなってきたようだ。テレビで放送されるタイ、ベトナム、韓国、日本文化の影響もあり、かつては昼間でも結婚前の若い男女が二人きりで会ったり、部屋の中に居てはいけないとされていたが、今は昼間でもバイクに二人乗りしているカップルは多いし、夜の川沿いのベンチはカップルで満席。また、肌の露出を控えた服装が伝統であったが、今や普通の女の子がキャミソールにミニスカートで歩いている。平和が訪れ、時代とともに風習は形を変えつつある。

クメール語で手紙を書こう！

**旅で出会った人やお世話になった人に、帰国後、手紙をだしてみよう。
下の書き方を参考にして、素直にお礼の気持ちを伝えて友情を深めよう。**

គោរពជូន បងសុខា និង ក្រុមគ្រួសារ ជាទីមេត្រី ！

សើទាំងអស់គ្នាសុខសប្បាយជាទេ ？
ខ្ញុំសូមថ្លែងអំណរគុណពីដង្ហើមស្មោះ ចំពោះភាពកក់ក្តៅរបស់បងសុខា និង ក្រុមគ្រួសាររបស់បង ក្នុងអំឡុងពេលដែលខ្ញុំ ស្នាក់នៅប្រទេសកម្ពុជា ។ ខ្ញុំបានវិលត្រឡប់មកប្រទេសជប៉ុន ដោយ សុវត្ថិភាពហើយ ប៉ុន្តែនៅតែគិតដល់បង និង ក្រុមគ្រួសាររបស់បងយ៉ាងខ្លាំង ។ ជាពិសេស ការទៅលេងក្រុងព្រះសីហនុជាមួយគ្នានោះ ខ្ញុំ ហាក់ដូចជាមានអារម្មណ៍ថា ខ្ញុំជាសមាជិកម្នាក់ ផ្ទាល់ដែរ ។ ថតរូបរួចរាល់ នៅពេលដែលបានផ្តួរួចខ្ញុំនឹងផ្ញើយូរពេលណាមួយ ។ ហើយសង្ឃឹមថា នឹងទៅលេងកម្ពុជាម្តងទៀត នៅវេលាពេលណាមួយ ។

ជាទីបញ្ចប់ ខ្ញុំសូមដែលឧទ្ទិសអំណរគុណរបស់ខ្ញុំ ហើយសូមឲ្យនូវបង និង ក្រុម គ្រួសាររបស់បងឲ្យមានសេចក្តីសុខ និងរីកចំរើនជានិច្ច ។

សូមអរគុណ ។

ទូក្យ ថ្ងៃទី១០ ខែតុលា ឆ្នាំ២០០៨
អំពីនាងខ្ញុំ
ជីបា សាគុរា

[起句]
英語の Dear に当たる ជូនបង をつけて、親しい人であればファーストネームを書く

[結句]
結びの言葉。健康と発展を祈ることばを入れることが多い。

[日付]
日付の前に手紙を書いている場所名を入れる。日付は日＋月＋年の順。年も必ず入れる。

[署名]
名前をタイプしてから、肉筆で署名を入れる。

親愛なるソッカーと家族のみなさんへ
　みなさん、お元気ですか？
　私のカンボジア滞在中、ソッカーさん及びご家族のみなさんに、あたたかく接してもらえたことに心から感謝しています。私は無事、日本に到着しました。でも、ソッカーさんと家族のみなさんのことが恋しくて、いつも思い出してしまいます。特に、みんなでシアヌークビルに行った時のこと、あの時私は皆さんの家族の一員のような気持ちでした。写真ができたらお送りします。そして、いつの日かまたカンボジアを訪問出来ればと思っています。
　最後に、心からの感謝とともに、皆さんのご健康とご発展を祈っています。
東京　2008 年 10 月 10 日
千葉さくら

[宛先の書き方]

左上に自分の名前と住所を書く。
表面に赤い文字で航空便 AIR MAIL であることを明記する。
中央を目安に相手の名前と住所を書く。
＃は家番号、St. は道番号を示す。
私書箱がある場合は P.O.Box ○○（私書箱の番号を入れる）と書く。

```
Chiba Sakura
1-1-1, Shinjuku-ku, Tokyo,
Japan                                        [STAMP]

                    Ms. Som Sokha
                    #14, St.360, Sangkat Boeung Keng Kong 1,
                    Khan Chamkar Mon, Phnom Penh, CAMBODIA
AIR MAIL
```

日本語 ➡ クメール語

50音順クメール語単語帳

※「食べよう」のシーンでよく使う単語には🍴印がついています
※「買おう」のシーンでよく使う単語には🛍印がついています
※「伝えよう」のシーンでよく使う単語には💬印がついています

あ

相部屋	បន្ទប់ស្នាក់នៅរួម ポントップ・スナック・ナウ・ルオム
会う	ជួប チュオップ
空き	ទំនេរ トムネイ
開ける	បើក バウク
あさって 💬	ខានស្អែក カーン・サアエク
足 💬	ជើង チューン
明日 💬	ថ្ងៃស្អែក タガイ・サアエク
アスピリン	អាស្ពីរីន アスピリン
頭	ក្បាល クバール
新しい	ថ្មី トゥマイ
暑い/熱い 💬	ក្តៅ クダウ
預ける	ផ្ញើរទុក プニャウ・トック
危ない	គ្រោះថ្នាក់ クロッタナッ(ク)
雨	ភ្លៀង プリアン
歩く 💬	ដើរ ダウ
アレルギー	មានប្រតិកម្ម ミエン・プロテカム
安全な	សុវត្ថិភាព ソヴァタピアップ

い

胃	ក្រពះ クロペアッ
言う	និយាយ ニジェイ
家	ផ្ទះ プテアッ
行く	ទៅ タウ
意識をなくす	បាត់ស្មារតី バッ(ト)・スマーラディ
遺失物相談所	ខ្ទួកកន្លែងព្រះទាក់ទងនឹងការបាត់បង់របស់ ティー・スナック・カー・ピックロッ・テアットオーン・ヌン・カーバッロポッ
医者	គ្រូពេទ្យ クルー・ペー(ト)
急ぐ	ប្រញាប់ プロニャップ
痛み 💬	ឈឺ チュー
一日 💬	មួយថ្ងៃ ムイ・タガイ
胃痛 💬	ឈឺក្រពះ チュー・クロペアッ
今	ឥឡូវ アイラウ
入口	ច្រកចូល チュロート・チョール
飲食代	ថ្លៃម្ហូបអាហារ タライ・マホープ・アハー
インフォメーション 💬	ព័ត៌មាន ポォロミエン

う

上	លើ ルー
受付	កន្លែងផ្តល់ព័ត៌មាន コンライエン・プドゥル・ポォロミエン
受取る	ទទួលយក トトゥール・ヨッ(ク)
後ろ	ខាងក្រោយ カーンクラオイ
右折	បត់ស្តាំ ボッスダム
上着 🛍	អាវក្រៅ アーウ・ロギア
運賃	ថ្លៃធ្វើដំណើរ タライ・トゥヴー・ドムナウ
運転する	បើកបរ バウクボー

え

エアコン	ម៉ាស៊ីនត្រជាក់ マシーン・トロアチアッ(ク)
英語	ភាសាអង់គ្លេស ピアサー・オングレッ
駅	ស្ថានីយ៍រថភ្លើង スターニー・ロッ・プルーン
エスカレーター	ជណ្តើរយន្ត チュンダーヨンッ
選ぶ	ជ្រើសរើស チュルルッ
エレベター	ជណ្តើរយោងយន្ត チュンダー・ヨーンヨンッ

お

おいしい 🍴	ឆ្ងាញ់ チュガンニュ
置いていく	ទុកចោល トックチャオル
応急処置をする	ផ្តល់ការបឋម プチャバール・チアバットム
大きい	ធំ トム
送る	ផ្ញើ プニャー
遅れる	យឺតមិនទាន់ ユゥメントアン
押す	រុញ ロン(ニュ)
おつり	លុយអាប់ ルイアップ
男	ប្រុស プロッ
男の子	ក្មេងប្រុស クメーン・プロッ
落とす	ធ្លាក់ トムレアッ

136

折り返し電話をする	ទូរស័ព្ទទៅវិញ トゥールサップ・トロロップ・タウ・ヴィン	家族	គ្រួសារ クルオサー	気温	សីតុណ្ហភាព サイトンハッピアップ
降りる	ចុះ チョッ	学校	សាលារៀន サーラーリエン	気管支炎	ជំងឺទងសួត チョムグゥ・トンスゥオッ
終わる	ចប់ チョップ	金（お金）	លុយ ルイ	聞く	ស្ដាប់ スダップ
女	ស្រី スレイ	紙	ក្រដាស クロダッ	傷	របួស ロボゥ
女の子	ក្មេងស្រី クメーン・スレイ	カメラ	ម៉ាស៊ីនថត マシーン・トート	季節	រដូវ ロダウ
		空の	ទទេ トテェ	北	ខាងជើង カーン・チューン
か					
改札口	ច្រកចូល チューロー(ト)・チョール	借りる（乗り物）	ជួល (យានជំនិះ) チュオル(ジェンチョムニッヒ)	貴重品	វត្ថុមានតំលៃ ヴァット・ミエン・ドムライ
会社	ក្រុមហ៊ុន クロハホン	借りる（部屋）	ជួល (បន្ទប់) チュオル(ボントップ)	きつい（幅が）	តឹង タン
階段	ជណ្ដើរ チュンダウ	過労	ធ្វើការហួសកំលាំង トヴーカー・フホッ・コムラン	喫煙する	ជក់បារី チョッ(ク)・バレイ
ガイド	មគ្គុទ្ទេសក៍/ហ្គាយ メアッケア・クテッ/ガアイ	かわいい	គួរឱ្យស្រលាញ់ クゥオ・アオイ・スロラン(ニュ)	気持ちが悪い	មានអារម្មណ៍មិនល្អ ミエン・アロム・ムン・ルオー
ガイドブック	សៀវភៅមគ្គុទ្ទេសក៍ シゥボウ・メアッケア・クテッ	眼科医	ពេទ្យភ្នែក ペート・プネー(ク)	キャッシャー	អ្នកគិតលុយ ネアック・クッ(ト)・ルイ
ガイド料	ថ្លៃមគ្គុទ្ទេសក៍ タライ・メアッケア・クテッ	観光案内所	ទីកន្លែងផ្ដល់ព័ត៌មានទេសចរណ៍ ティー・コンラエン・プドゥルボーロミエン・テッス・チョー	キャンセルする	លប់ចោល ロップ・チャオル
買う	ទិញ テン(ニュ)	勘定/勘定書	គិតលុយ / វិកាយប័ត្រ クッ(ト)・ルイ/ヴィカアヤバッ	救急車	ឡានពេទ្យ ラーン・ペート
返す	សង ソーン	乾燥した	ស្ងួត スグゥー(ト)	休憩	សំរាក ソムラー
帰る	ត្រលប់ទៅវិញ トロロップ・タウ・ヴィン	館内図	ផែនទីក្នុងអាគារ パエンティー・クノン・アーキア	今日	ថ្ងៃនេះ タガイ・ニッ
顔	មុខ モー(ク)	館内電話	ទូរស័ព្ទក្នុងអាគារ トゥールサップ・クノン・アーキア	共同トイレ	បង្គន់រួម ボンコン・ロォム
価格	តំលៃ ドムライ			嫌いな	មិនចូលចិត្ត ムン・チョール・チャッ(ト)
鏡	កញ្ចក់ カンチョッ(ク)	**き**		禁煙	ហាមជក់បារី ハーム・チョッ(ク)・バレイ
鍵	សោ サオ	キーボード	អីុ オーッ	緊急	បន្ទាន់ バントアン
書く	សរសេរ ソーセー				

★ 出入国編 ★		
入国審査	ការត្រួតពិនិត្យចូលប្រទេស	カー・トルオト・ピニット・チョール・プロテッ
検疫	ការត្រួតពិនិត្យតាមវិធីពេទ្យ / ការពាក់មាយយេរវីវត	カー・トルオト・ピニット・ターム・ピチア・ペー(ト)/カー・ダック・アオイ・ナウ・ピーケー
居住者/非居住者	សញ្ជាតិខ្មែរ / ប្រទេស	サンチアッ(ク)・クマエ/ボーラテッ
パスポート	លិខិតឆ្លងដែន	リケン(ト)) プコローン・ダエン
ビザ	ទិដ្ឋាការ	ティッタカー
サイン	ស៊ីញ	シニェー
入国目的	គោលបំណងចូលប្រទេស	コールボムノーン・チョール・プロテッ
観光	ទេសចរណ៍	テサチョー
商用	ជំនួញ	チョムヌオンニュ
滞在予定期間	រយះពេលសណ្ដាក់នៅ	ローヤッ・ペール・スナック・ナウ
乗り継ぎ	ការឆ្លងឡាន	カー・チョローン・カット
荷物引取り	ទទួលវិត្ថុត	トトゥオル・エイヴァン
税関審査	ការត្រួតពិនិត្យពន្ធ	カー・トルオト・ピニット・ポン
免税/課税	មិនបង់ពន្ធ/ ការឡូតពន្ធ	ムン・ボン・ポン/カー・ホート・ポン

137

く

空席	កន្លែងទំនេរ コンラエン・トムネー
区間	ចន្លោះ チョンロッ
薬	ថ្នាំ タナム
口当たりの良い	ត្រូវមាត់ トラウ・モァ(ト)
暗い	ងងឹត ンゴウゲッ(ト)
繰り返す	សារឡើងវិញ サー・ラウ・ヴィン
車	ឡាន ラーン
クレジットカード 🔒	បណ្ណអាត់ណាទៀន バン・アッナティエン
クローク	បន្ទប់ទុកឥវ៉ាន់ ポントップ・ダッ(ク)・エイヴァン

け

警察 🔊	ប៉ូលីស ポリッ
携帯電話	ទូរស័ព្ទដៃ トゥールサップ・ダイ
外科医	ពេទ្យវះកាត់ ベート・ヴェアカッ
ケガをした 🔊	មានរបួស ミエン・ロボゥ
下剤	ថ្នាំបញ្ចុះ タナム・バンチョッ
化粧品 🔒	គ្រឿងសំអាងខ្លួន クルウン・ソムアーン・クルゥン
血圧 🔊	សម្ពាធឈាម ソンピアッ・チエム
血液	ឈាម チエム
血液型 🔊	ប្រភេទឈាម プロペー(ト)・チエム
現金	ប្រាក់សុទ្ធ ブラッ・ソッ(ト)
検査	ពិនិត្យមើល ピネッ(ト)・ムール
現像する 🔊	ផ្តិតរូបថត プデッ(ト)・ループトー(ト)

こ

硬貨	កាក់ カッ(ク)
交換	ផ្លាស់ប្តូរ プラッ・プドー
交通機関	មធ្យោបាយធ្វើដំណើរ マチョーバーイ・トヴー・ドムナウ
交通事故	គ្រោះថ្នាក់ចរាចរណ៍ クロッタナッ(ク)・チョーラチョー
交通渋滞 🔊	ស្ទះចរាចរណ៍ ステアッ・チョーラチョー
強盗	ការលួចប្លន់ カー・ロゥイ・ブロン
購入 🔒	ទិញ テン(ニュ)
交番 🔊	ប៉ុស្តិ៍ប៉ូលីស ポッ・ポリッ
声	សំលេង ソムレーン
国際運転免許証 🔊	បណ្ណបើកបរអន្តរជាតិ バン・バウクボー
午後 🔊	ថ្ងៃរសៀល タガイ・ロシエル
腰	ចង្កេះ チョンケッ
故障中 🔊	ខូច (មិនដំណើរការ) コイ(ムン・ドムナウカー)
個人で旅行する	ធ្វើដំណើរដោយខ្លួនឯង トヴー・ドムナウ・テスッチョー・ダオイ・クルン・アエン
個人用	ផ្ទាល់ខ្លួន プトアル・クルン
小銭 🔒	លុយអាប់ ルイ・リエイ
小銭入れ 🔒	កាបូបដាក់កាក់ カボープ・ダッ(ク)・カッ(ク)
午前	ពេលព្រឹក ペール・ブルッ(ク)
国境	ព្រំដែន プロム・ダエン
骨折	បាក់ឆ្អឹង バッ・チャエン
言葉	ពាក្យ ビアッ(ク)
子供(親子関係)	កូន コーン
断る	បដិសេធ バッディサエッ(ト)
コピー	ចំលង チョムローン
ごみ	សំរាម ソムラーム
ごみ箱	ធុងសំរាម トン(グ)・ソムラーム
こわれもの	វត្ថុបាយបែក ヴァッ・ンギエイ・バエク
混雑(人で)	(មនុស្ស) ណែនគ្នាតាំងទប់ マヌッ(フ)・ナエン・タン・タープ
コンセント	កន្លែងដោតដុបភ្លើង コンラエン・ダオク・ドップ・プルーン

コンタクトレンズ

| コンタクトレンズ | កែវដាក់ភ្នែក
カエウ・ダッ(ク)プネー(ク) |
| 今晩 | យប់នេះ
ヨップ・ニッ(ヒ) |

さ

サービス	សេវា セーワー
サービス料	ថ្លៃសេវា タライ・セーワー
再確認する	បញ្ជាក់ជាថ្មី バンチャッ(ク)・チア・トメイ
最終目的地	ទីគោលដៅចុងក្រោយ ティコールダウ・チョン・クラオイ
最終列車	រថភ្លើងដើរចុងក្រោយ ロッ・プルーン・チューン・チョン・クラオイ
採寸する	វាស់ ヴァッー
再発行する	ចេញសារជាថ្មី チェン・サーチア・トメイ
先払い	បង់លុយមុន ボン・ルイ・ムン
札	ក្រដាសប្រាក់ クロダッ・ブラッ(ク)
札入れ	កាបូបដាក់លុយ カボープダッルイ
撮影する	ថតរូប トー(ト)・ループ
寒い	ត្រជាក់ トロアチァッ(ク)
寒気がする	រងា ロギィア

し

寺院	វត្ត ワッ(ト)
歯科医	ពេទ្យធ្មេញ ベー(ト)・トメン(ニュ)
市街地図	ផែនទីទីក្រុង バエンティー・ティー・クロン
時間	ម៉ោង マオン
事故	គ្រោះថ្នាក់ クロッタナッ(ク)
時刻表	តារាងពេលវេលា ダラーン・ペール・ヴィリア
事故証明書	លិខិតបញ្ជាក់ពីឧបត្តិហេតុ リケッ(ト)・バンチアッ(ク)・ピー・ウッバッテアッ ヴェア・ハエ(ト)
仕事	ការងារ カーンギア
時差	គំលាតម៉ោងសងខាង コムリエッ(ト)・マオン・コッ・クニア

138

時差ぼけ	ប្រាស់ប្រែម៉ោងមិនទាន់មានសភាពពេលវេលា	ブラッ・ブドー・マオン・ムン・トアン・ミエン・ソビアップカー
静かな	ស្ងាត់	スガット
下	ក្រោម	クラオム
試着する	ពាក់សរសើរ	ペアク(ク)・ロームール
湿度が高い/低い	សំណើម	ソムナウム
湿布	ថ្នាំស្អំ	トナム・スオム
指定席	កៅអីកក់ទុក	ナウエー(コットッ(ク)
支払い	បង់ប្រាក់	ボンプラッ(ク)
耳鼻咽喉科医	គ្រូពេទ្យត្រចៀក ច្រមុះ បំពង់ក	クルー・ペート・トロアチアッ・チュロモッ・ボンポンコー
持病	ជំងឺរ៉ាំរ៉ៃ	チョムグゥ・ラムライ
紙幣	ក្រដាសប្រាក់	クロダッ・ブラック
脂肪	ខ្លាញ់	クラン
島	កោះ	コッ
閉める	បិទ	ベッ(ト)
蛇口	ក្បាល់ប៉ីណៃ	クバール・ロヴィネイ
写真	រូបថត	ループ・トー(ト)
シャワー	ទឹកផ្កាឈូក	タック・ブカー・チュー(ク)
シャワー付き	មានបន្ទប់ទឹក	ミエン・ボントップ・タック
週	សប្ដាហ៍	サバダー
住所	អាសយដ្ឋាន	ノーサヤターン
重要な	សំខាន់	ソムカン
宿泊	ការស្នាក់នៅ	カー・スナッ・ナウ
手術	ការវះកាត់	カー・ヴェアッ・カッ(ト)
出血する	ចេញឈាម	チェン・チエム
出発	ចាក់ចេញ	チャッ(ク)・チェン
首都	ទីក្រុង	ティー・クロン
準備ができる	រៀបចំរួច	リエプチョン・ルオイ
紹介する	ណែនាំ	ナエノアム
消化不良	ការរំលាយអាហារមិនល្អ	カー・ロムリエイ・アーハー・ムン・ルオー
錠剤	ថ្នាំគ្រាប់	タナム・クロアップ
使用中	កំពុងប្រើប្រាស់	コンポン・ブラウ・ブラッ
消毒液	ថ្នាំសំលាប់មេរោគ	タナム・ソムラップ・メーロー(ク)
衝突	បុក	ボッ(ク)
情報	ពត៌មាន	ポーラミエン
照明	អំពូលភ្លើង	オムプゥル・プルーン
常用薬	ថ្នាំលេបដែលធានាប់	トナム・レープ・ダエル・チア・トムロアップ
食あたり	ពុលអាហារ	ボゥル・アハー
食事	អាហារ	アハー
食欲	ចំណូន	チョムノゥン
処方箋	វេជ្ជបញ្ជា	ヴィチアップバンチェ
書類	ឯកសារ	アエカサー
知る	ដឹង/ស្គាល់	ダン/スコアル
信号	ភ្លើងចរាចរណ៍	プルーン・チョーラチョー
申告する	រាយការណ៍	リエイカー
寝室	បន្ទប់ដេក	ボントップ・デー(ク)
親切	ចិត្តល្អ	チェット・ルオー
診断書	លិខិតពិនិត្យរោគ	リッケッ・ピィネッ(ト)・チョムグゥー
新聞	ការសែត	カーサエッ(ト)
じんましん	កន្ទួល	コントゥル

す

睡眠不足である	ដេកមិនគ្រប់គ្រាន់	デー(ク)・ムン・クロップ・クロアン
スーツケース	វ៉ាលី	ヴァリー
ズキズキ痛む	ឈឺខ្លោចៗ	チュー・クトゥー(ク)クトゥー(ク)
過ぎる	ហួស	ホゥー(ス)
すぐに	ភ្លាមៗ	プリム・プリム
涼しい	ត្រជាក់ស្រួល	トロアチアッ(ク)・スルオル
頭痛	ឈឺក្បាល	チュー・クバール
住む	រស់នៅ	ロッ・(ホ)ナウ
スリ	ចោរលួចឆក់	チャオ・ルオイ・チョッ
座る	អង្គុយ	オンクイ

せ

請求する	ទារ	ティア
生理痛	ឈឺពេលមានរដូវ	チュー・ペール・ミエン・ロドゥ

★ 電話・通信編 ★

公衆電話	ទូរស័ព្ទសាធារណៈ	トゥーラサップ・サティアラナッ
市内通話	ទូរស័ព្ទក្នុងក្រុង	トゥーラサップ・クノン・クロン
長距離通話	ទូរស័ព្ទទៅឆ្ងាយ	トゥーラサップ・タウ・コンニエン・チュガーイ
国際電話	ទូរស័ព្ទអន្តរជាតិ	トゥーラリップオンタンブアット
指名通話	※カンボジアには該当するシステムや表現がありません。	
番号通話	※カンボジアには該当するシステムや表現がありません。	
コレクトコール	※カンボジアには該当するシステムや表現がありません。	
テレフォンカード	កាតទូរស័ព្ទ	カー(ト)・トゥーラサップ
ファクシミリ	ហ្វាក់	ファッ(ク)
航空便	ផ្ញើតាមកប៉ាល់ហោះ	ポニャウ・ターム・クバールホッ
船便	ផ្ញើតាមកប៉ាល់ទឹក	ポニャウ・ターム・クバールタック
ポスト	ប្រអប់សំបុត្រ	プロオップ・ソンボッ(ト)
切手	តែម	タエム
インターネット	អ៊ីនធឺណិត	インターネット

生理用ナプキン	សំលីអនាម័យ ソムレイ・アナマーイ	タックス・リファンド	ការបង់ប្រាក់ពន្ធមកវិញ カー・ボン・ブラッ(ク)・ボンブ・モー(ク)・ヴィン	昼食	អាហារថ្ងៃត្រង់ アハー・タガイトローン
セーフティボックス	ទូរដែក トゥルダイ(ク)	脱脂綿	សំឡី ソムライッ	注文する	បញ្ជាទិញ, ហៅម៉ូប バンチア・テン(ニュ)/ハウマホーブ
席(レストランの)	កៅអីនៅហាងភីនិយតាន カウエイ・ノウポイチェニィヤターン	尋ねる	សាកសួរ サースォー	長距離バスターミナル	ស្ថានីយរថក្រុងឆ្ងាយ スターニーラーンクロン・ブロウチュガーイ
席を予約する	កក់កៅអី コッ・コンエン	タバコ	បារី バレイ	朝食	អាហារពេលព្រឹក アハーペールブルッ(ク)
セットメニュー	ម្ហូបឈុត マホープ・チョッ(ト)	タバコを吸う	ជក់បារី チョッ(ク)バレイ	直行バス	ឡានក្រុងទិសឈប់
背中	ខ្នង クノーン	食べる	ហូប/ញាំ ホープ/ニャム	治療	ព្យាបាល プチアバール
セルフサービス	សេវាខ្លួនឯងដោយខ្លួនឯង セーワー・ポムラウ・ダウ・クルンエン	打撲	ស្នាម・ជាន スナーム・チョアン	鎮痛剤	ថ្នាំបាត់ការឈឺចាប់ タナム・ボンバッ(ト)・カー・チューチャッ(ブ)
ぜんそく	ហឺតបេះ ロッ(ク)・ハゥ(ト)	試す	សាកល្បង サーラボーン		
洗濯物	ខោអាវបោកខាត់ カオ・アーウ・バウク・クオッ	団体旅行	ការធ្វើដំណើរទេសចរណ៍ជាក្រុម カー・トヴー・ドムナウ・テッスチョー・チア・クロン	ツアー	ទេសចរណ៍ テスチョー
専門医	គ្រូពេទ្យជំនាញ クルー・ペート・チョムギエン			ツアー料金	ថ្លៃទេសចរណ៍ タライ・テスチョー
そ		**ち**		追加料金	ថ្លៃបន្ថែមបន្ថែម ドムライ・トラウ・ボンボン・タイム
騒音	សំលេងឧទ្ទាន ソムレーン・クドン・クダン	血	ឈាម チエム	ツインルーム	បន្ទប់គ្រែពីរ ポントップ・クレイピー
掃除する	សំអាត ソムアー(ト)	小さい	តូច トーイ	通貨申告	ប្រកាសចំនួនឈឹកប្រាក់ ブロカッ・チョムヌウン・タック・ブラッ(ク)
騒々しい	ឧទ្ទាន クドン・クダン	チェックアウト	ពិនិត្យចេញ ピィネッチェン	通過する	ឆ្លងកាត់ チューロン・カッ(ト)
外	ខាងក្រៅ カーンクラウ	チェックイン	ពិនិត្យចូល ピィネッ・チョール	ツーリストポリス	ប៉ូលីសទេសចរណ៍ ポリッ・テスチョー
ソフトドリンク	ទឹកផ្អែម ベースチャッ	近くの〜	ជិត チェット	通路側の席	កៅអីខាងច្រកដើរ カウエイ・カーン・チュロダウ
た		地下鉄	រថភ្លើងក្រោមដី ロッ・プルーン・クラオム・ダイ	続ける	បន្ត ポントー
体温	កំដៅខ្លួន コムダウ・クルウン	地下鉄駅	ស្ថានីយ៍រថភ្លើងក្រោមដី サターニィ・ロッブルーン・クラオム・ダイ	包む	ខ្ចប់ クチョップ
滞在	ស្នាក់នៅ スナッ(ク)・ナウ	近道する	ប្រើផ្លូវកាត់ ブラウブラウカッ(ト)	冷たい	ត្រជាក់ トロアチャッ(ク)
大使館	ស្ថានទូត サターントゥー(ト)	チケット	សំបុត្រ ソンボッ(ト)	強い	ខ្លាំង クラン
大丈夫	មិនអីទេ ムン・アイ・テー	チケットショップ	កន្លែងលក់សំបុត្រ コンラエン・ロッ(ク)ソンボッ(ト)	**て**	
タオル	កន្សែងជូតខ្លួន コンサエン・ボッコー	地図	ផែនទី パエンティ	手	ដៃ ダイ
高い(高さが)	ខ្ពស់ クポッ	父	ឪពុក アウボッ(ク)	Tシャツ	អាវយឺត アーウ・ユー(ト)
高い(値段が)	ថ្លៃ タライ	チップ	លុយទៀបកៃ ルイタックタエ	テイクアウト(持ち帰り)	ខ្ចប់យកទៅវិញ クチョップ・ヨー(ク)・タウ・ヴィン
タクシー	តាក់ស៊ី タックシー	注射	ចាក់ថ្នាំ チャッ(ト)タナム	定刻	ពេលវេលាកំណត់ ペール・ヴィリィア・コムノッ(ト)
タクシー乗り場	កន្លែងឈប់តាក់ស៊ី コンラエン・チッタックシー	駐車する	ចតឡាន チョー(ト)ロッヨン	停車場(長距離バスの)	កន្លែងឈប់ឈប់ (ឡានក្រុងឆ្ងាយ) コンラエン・チョップ・ロッヨン(ラーン・クロン・ブロウ・チュガーイ)
助ける	ជួយ チューイ				

140

日本語	クメール語	発音
デジタルカメラ 📷	ម៉ាស៊ីនថតឌីជីថល	マシーン・トート・デジトール
手数料	ថ្លៃសំការ	タライ・ロッ(ト)カー
鉄道駅	ស្ថានីយរថភ្លើង	サターニィ・ロップルーン
手荷物預かり所	កន្លែងផ្ញើរវត្ថុ	コンレーン・プニャウ・エイヴァン
出る	ចេញ	チェン(ニュ)
テレビ	ទូរទស្សន៍	トゥールトゥッ
テロ	ភេរវកម្ម	ペーヴェレアカンツ
天気	អាកាសធាតុ	アッカサナイエッ(ト)
電気	អគ្គិសនី	アキサニー
電気(明かり)	ភ្លើង	プルーン
天気予報	ការព្យាករណ៍អាកាសធាតុ	カー・プチアコー・アッカサティエッ(ト)
電源	ភ្លើង	プルーン
電話	ទូរស័ព្ទ	トゥールサップ
電話代	ថ្លៃទូរស័ព្ទ	タライ・トゥールサップ
電話帳	សៀវភៅទូរស័ព្ទ	シウボウ・トゥールサップ
電話ボックス	កន្លែងទូរស័ព្ទ	コンレーン・トゥールサップ

と

トイレ	បង្គន់	ボンコン
到着	ការមកដល់	カー・モー(ク)・ドル
到着が遅い	ការមកដល់មានការយឺតយ៉ាវ	カー・モー(ク)・ドル・ミエン・カー・ユー(ト)・ヤーウ
到着する	មកដល់	モー(ク)・ドル
盗難	ការលួចឆក់	カー・ルオイ・チョッ
盗難証明書	លិខិតបញ្ជាក់ពេរហេតុ	リィケッ(ト)・バンチア・チャオロオカム
通り	ផ្លូវ	プラウ
登録	ការចុះបញ្ជី	カー・チョッ・バンチー
登録用紙	លិខិតពេញធ្វើការចុះឈ្មោះ	リィケッ(ト)・ボンペン・トヴーカー・チョッ・チュモッ(ホ)
道路地図	ផែនទីផ្លូវ	パエンティ・プロウ
遠い	ឆ្ងាយ	チュガーイ
届ける	យកទៅ	ヨー(ク)・アオイ
徒歩で	ដោយដើរ	ダオイ・トゥマー・チューン
泊まる/停まる	ស្នាក់នៅ / ឈប់	スナッ(ク)・ナウ/チョップ
ドライクリーニング	បោកស្ងួត	バオク・スグゥォッ(ト)
ドラッグストア	ហាងលក់ថ្នាំ	ハーン・ロッ(ク)・タナム
トラベラーズチェック	មូលប្បទានប័ត្រទេសចរណ៍	ムルバッティアン・バッ・テッスチョー
トランク	កន្ដុយឡាន	コントイ・ラーン
トランジット	តទៅខាងមុខទៀត	トー・チューン・ヨンホッ(ホ)
取り扱い注意 📷	ការប្រយ័ត្នក្នុងការប្រើប្រាស់	カー・プロヤッ・クノン・カー・プラウ・プラッ
取消し料	ថ្លៃលុបចោល	タライ・ロップ・チャオル
取り消す	លុបចោល	ロップ・チャオル
泥棒	ចោរ	チャオ
鈍痛	ឈឺស្ពឹក	チュー・スパッ(ク)

な

内科医	គ្រូពេទ្យ	クルーペー(ト)
内線	លេខខ្សាយ	レー(ク)・プチオアッ(プ)
治る	ជាសះស្បើយ	チエサッスバウイ
長い	វែង	ヴェーン

に

名前	ឈ្មោះ	チュモッ(ホ)
軟膏 📷	ប្រេងលាបរលាក	プレーン・リエブ・スバエク
西	ខាងលិច	カーン・レィッ
日本[国]	ប្រទេសជប៉ុន	プロテッ・ジャポン
日本語	ភាសាជប៉ុន	ピィアーサー・ジャポン
日本語メニュー 📷	បញ្ជីឈ្មោះមុខម្ហូបភាសាជប៉ុន	バンチーリィエイ・モック・マホープ・ピィアサー・ジャポン
日本人	ជនជាតិជប៉ុន	チョンチアッ(ト)・ジャポン
日本大使館	ស្ថានទូតជប៉ុន	サターントゥー(ト)・ジャポン
日本料理 📷	ម្ហូបជប៉ុន	マホープ・ジャポン
荷物	គក់ភ័ណ្ឌ	エイヴァン
入館料	ថ្លៃចូលសួនា	タライ・チョール・トッサナー
入場料	ថ្លៃចូលសួនា	タライ・チョール・トッサナー
ニュース	ព័ត៌មាន	ポーラミエン
尿	ទឹកនោម	タック・ノーム

ぬ

盗まれた品物 📷	របស់គេលួចបាត់	ロボッ・ケー・ルオイ・バッ(ト)
濡れる	លើចទឹក	レィ・タック

ね

熱	កំដៅ	コムダウ
値引きする	បញ្ចុះតំលៃ	ボンチョッ・ドムライ

★ 両替編 ★

パーツに交換してください	សូមជួសលួយជាយជា	ソーム・ドー・ロイ・クマエ・ヨー・ロイ・バー(ト)
小銭をまぜてください	សុំលុយកាក់ជាមួយផង	ソム・ヨー(ク)・クロダッ・トーイ
銀行	ធនាគារ	トニアキア
両替所	ហាងប្ដូរប្រាក់	ハーン・プドー・プラック
為替レート	អត្រាប្ដូរប្រាក់ប្រចាំថ្ងៃ	アットラー・コムリッ・ルペイ
交換率	អត្រាប្ដូរប្រាក់ប្រចាំថ្ងៃ	アットラー・コムリッ・プドー・プラック
外貨交換証明書	លិខិតបញ្ជាក់ប្ដូរប្រាក់	リケッ(ト)・バンチアッ(ク)・プドー・プラック

141

ねんざ	គ្រិច / クレッ

の

のどの痛み	ឈឺកោ / チュー・コー
飲み物	គេសជ្ជៈ / ペサチアッ
飲む	ផឹក / パッ(ク)
乗換え	ការប្តូរយានជំនិះ / カー・ブドゥー・ユィンチョムニッ
乗り換える	ប្តូរយានជំនិះ / ブドゥー・ユィンチョムニッ
乗りそこなう/逃す	ឡើងមិនទាន់ទាន់ / ラウン・チッ・ムン・トアン
乗継ぎカウンター	កន្លែងប្តូរយានជំនិះ / コンライエン・ブドゥー・ユィンチョムニッ
乗り場（タクシー）	កន្លែងឈប់（តាក់ស៊ី）/ コンライエン・チッ(タックシー)
乗り場（バス）	ផ្ទះ（ឡានក្រុង）/ チッ(ラーン・クロン)
乗る［オートバイ］	ជិះ（ម៉ូតូ）/ チッ(モトー)
乗る［車］	ជិះ（ឡាន）/ チッ(ラーン)
乗る［鉄道、バス］	ជិះ（រថភ្លើង、ឡានក្រុង）/ チッ(ロップルーン、ラーンクロン)

は

歯	ធ្មេញ / トメン(ニュ)
歯痛	ឈឺធ្មេញ / チュートメン(ニュ)
入る	ចូល / チョール
吐き気	ចង់ក្អួត / チョンクオッ(ト)
吐く	ក្អួត / クオッ(ト)
運ぶ	លើក / ルー(ク)
場所	ទីកន្លែង / ティーコンライエン
バス（乗り場）	（កន្លែងឈប់）ឡានក្រុង /（コンライエン・チッ)ラーン・クロン
働く	ធ្វើការ / トヴッカー
罰金	ប្រាក់ពិន័យ / ブラッ(ク)ピィネイ
バッテリー/電池	ថ្ម / トモー
話す	និយាយ / ニジェイ

母	ម្តាយ / マダーイ
早く	ឆាប់ / ルーン
払い戻し	បង់ត្រឡប់វិញ / ポン・ブラッ(ク)・アオイ・ヴィン
払う	បង់ប្រាក់ / ポン・ブラッ(ク)
番号	លេខ / レー(ク)
半日	កន្លះថ្ងៃ / コンラッ・タガイ
パンフレット	លិខិតបំណ្ណ / リケッ(ト)・バン

ひ

日	ថ្ងៃ / タガイ
日帰り	ទៅមកក្នុងថ្ងៃដដែល / トロロップ・クノン・タガイ・ドーダエル
東	ខាងកើត / カーン・カウ
髭を剃る	កោរពុកមាត់ / カオ・ポッ(ク)・モアッ
非常口	ច្រកចេញពេលមានគ្រោះអាសន្ន / チューロー(ト)・チェン・ペール・ミエン・クロッ・アーソン
左	ឆ្វេង / チュベーン
必要な	ដែលចាំបាច់ / ダエル・チャンバイ
ひどく痛い	ឈឺខ្លាំង / チュー・クラン
日焼け	រលាកខ្លួនក្រោយថ្ងៃ / ロリィア・ヌン・コムダウ・タガイ
費用	ថ្លៃណៃ / チョムナーイ
病院	មន្ទីរពេទ្យ / モンティ・ペート
病気	ជំងឺ / チョムグゥー
病人	អ្នកជំងឺ / ネアック・チョムグゥー
昼（正午）	ថ្ងៃត្រង់ / タガイ・トロン
拾う	រើស / ルッ
BTS	រថភ្លើងលើដី / ロー・ブルーン・ルー・ダイ

ふ

服用法	របៀបលេបថ្នាំ / ロビィエブ・レーブ・タナム

船酔い	ពុលសមុទ្រ / ポル・ロロー(ク)
船に乗る	ជិះទូក / チッ・トゥー(ク)
古い	ចាស់ / チャッ(ハ)
風呂	អាងងូតទឹក / アーン・ゴー・タック
フロント	កន្លែងទទួលភ្ញៀវ / コンライエン・ブドゥル・プゥラミエン
紛失した	បាត់បង់ / バッボン
紛失報告書	របាយការណ៍ពីបាត់របស់ / ロバイカー・バッロボッ

へ

ベッド	គ្រែ / クレイ
部屋	បន្ទប់ / ボントップ
部屋代	ថ្លៃបន្ទប់ / タライ・ボントップ
部屋の鍵	សោរបន្ទប់ / サオ・ボントップ
部屋番号	លេខបន្ទប់ / レー(ク)・ボントップ
ベルボーイ	អ្នកបម្រើក្នុងសណ្ឋាគារ / ネアック・ボムラウ・クノン・サンターキア
弁償する	ទូទាត់សងវិញ / トゥートアッ・ソーン・ヴィン
返品する	ប្រគល់របស់វិញ / ブロコル・ロボッ・ヴィン

ほ

包帯	បង់រុំរបួស / ボンロンボッ
保険	ធានារ៉ាប់រង / ティアニィ・アラップロン
ホテル	សណ្ឋាគារ / サンターキア
ホテルリスト	បញ្ជីសណ្ឋាគារ / バンチィー・サンターキア

ま

迷子	វង្វេង / ヴォンヴェーン
前売券	សំបុត្រលក់មុន / ソンボッ(ト)・ロッ(ク)・ムン
曲がる	បត់ / ポッ(ト)/ポッ(ト)
待合室	បន្ទប់ចាំ / ボントップ・ローンチャム
間違う	ច្រឡំ / チョロロム

日本語	クメール語/発音	日本語	クメール語/発音	日本語	クメール語/発音
待つ	រង់ចាំ ローンチャム	珍しい	កម្រមាន コムローミエン	(自動車/飛行機/船に) 酔う	ពុល(ឡាន、យន្តហោះ、នាវា) ポル(ラーン、ヨンホッホ、ニィヴィア)
窓	បង្អួច ポンウォイ	メニュー	បញ្ជីអាហារ バンチー・ムック・マホープ	浴室	បន្ទប់ទឹក ポントップ・タック
満足した	ពេញចិត្ត ペン・チェット	めまい	វិលមុខ ヴィル・ムック	呼ぶ	ហៅ ハウ
み		免税店	ហាងទំនិញអត់បង់ពន្ធ ハーン・トムネニュ・オッポンポン	読む	អាន アーン
右	ស្តាំ スダム	**も**		予約する	កក់ទុក コットック
短い	ខ្លី クレイ	モーニングコール	ការដាស់ពេលព្រឹក カーダッ・ペール・プルッ(ク)	予約席	កន្លែងកក់ទុក コンラエン・コッ・トック
水	ទឹក タック	目的	គោលបំណង コールボムノーン	夜	យប់ ヨップ
店	ហាង ハーン	目的地	ទីគោលដៅ ティコールダウ	弱い	ខ្សោយ クサオイ
道	ផ្លូវ プラウ	持ち帰る	ខ្ចប់យកទៅវិញ クチョップ・ヨー(ク)・タウ・ヴィン	**り**	
道に迷う	វង្វេងផ្លូវ ヴォンヴェーン・プラウ	戻ってくる	ត្រលប់មកវិញ トロロップ・モーク・ヴィン	料金/料金表	ថ្លៃ/តារាងតំលៃ タライ/ダラーン・ドムライ
南	ខាងត្បូង カーン・トポーン	**や**		領収書	បង្កាន់ដៃ ポンカン・ダイッ
ミネラルウォーター (炭酸入り)	ទឹកសុទ្ធមានជាតិហិល(មានហ្គាស) タック・ポリソッ・ミエン・チィアット・ラエ(ミエンギャッ)	やけど	រលាក ロリィアッ(ク)	利用できる	អាចប្រើបាន アーイ・ブラウ・バーン
		安い	ថោក タオク	旅行	ដំណើរទេសចរណ៍ ドムナウ・テッスチョー
ミネラルウォーター (炭酸なし)	ទឹកសុទ្ធមានជាតិហិល(អត់មានហ្គាស) タック・ポリソッ・ミエン・チィアット・ラエ(オッミエンギャッ)	薬局	ឱសថស្ថាន オソートサターン	**れ**	
		ゆ		冷蔵庫	ទូរទឹកកក トゥー・タッコー(K)
脈拍	ជីពចរ チップチョー	湯	ទឹកក្តៅ タック・クダウ	冷房	ម៉ាស៊ីនត្រជាក់ マシーン・トロアチアッ(K)
みやげ	វត្ថុអនុស្សាវរីយ៍ ヴァット・アヌサワリィー	夕方	ល្ងាច ロギィェイ	連泊する	ស្នាក់នៅច្រើនថ្ងៃ スナッ(ク)・ナウ・チュラウン・タガイ
見る	មើល ムール	有効期間	រយៈពេលមានសុពលភាព ローヤッ・ペール・ミエン・ソポルビアップ	連絡先 (カンボジアでの)	អាសយដ្ឋានទាក់ទង(នៅកម្ពុជា) アーサヤターン・テアットーン(ナウカンプチア)
む		有効な	មានសុពលភាព ミエン・ソポルピアップ	連絡先 (日本の)	អាសយដ្ឋានទាក់ទង(នៅជប៉ុន) アーサヤターン・テアットーン(ナウジャポン)
息子	កូនប្រុស コーン・プロッ	夕食	អាហារពេលល្ងាច アハー・ペール・ロギィェイ	**ろ**	
娘	កូនស្រី コーン・スレイ	友人	មិត្តភក្តិ ムッ(ク)プアッ	路線図	ផែនទីផ្លូវ パエンティ・プロウ
無料	ឥតគិតថ្លៃ エッ・クッ(ト)・タライ	郵便局	ប្រៃសណីយ៍ プライサニー	**わ**	
め		有名な	ល្បីឈ្មោះ ロベイ・ロバイン	わかれる	បែកគ្នា バエク・クニア
名所	រមណីយដ្ឋាន ロームニアターン	有料の	យកលុយ ヨー(ク)・ルイ	忘れ物	របស់ភ្លេច ロボッ・プレッィ
眼鏡	វែនតា ヴェンダー	〜行き	ទៅកាន់ タウ・カン	忘れる	ភ្លេច プレッィ
目薬	ថ្នាំ(ដក់)ភ្នែក タナム・プネー(ク)	ゆるい	រលុង ロロン	割引き	ចុះតំលៃ チョッ・タライ
目印	សញ្ញា サンニャー	**よ**			

143

絵を見て話せる
タビトモ会話

カンボジア
クメール語 + 日本語・英語

絵を見て話せる
タビトモ会話

＜アジア＞
①韓国
②中国
③香港
④台湾
⑤タイ
⑥バリ島
⑦ベトナム
⑧フィリピン
⑨カンボジア
⑩マレーシア

＜ヨーロッパ＞
①イタリア
②ドイツ
③フランス
④スペイン
⑤ロシア

＜中近東＞
①トルコ

続刊予定

インド
イギリス
オランダ
チェコ
アメリカ
ブラジル
メキシコ
ハワイ
オーストラリア

初版印刷	2009年1月15日
初版発行	2009年2月1日
	(Feb.1,2009, 1st edition)
編集人	大橋圭子
発行人	江頭 誠
発行所	JTBパブリッシング
印刷所	JTB印刷

- ●企画／編集……… 海外情報部
  担当 田中麻紀
- ●編集／執筆……… 山崎幸恵
- ●表紙デザイン…… 高多愛 (Aleph Zero,inc.)
- ●本文デザイン…… Aleph Zero,inc./アイル企画
- ●編集協力………… FSUNツーリスト
- ●翻訳協力………… 山崎幸恵
- ●取材協力………… FSUNツーリスト
  Cambodia Joho Service inc.
- ●写真協力………… Cambodia Joho Service inc.
- ●地図……………… ジェイ・マップ
- ●イラスト………… 石川ともこ／霧生さなえ
- ●画文……………… 大田垣晴子
- ●組版……………… JTB印刷

●JTBパブリッシング
〒162-8446
東京都新宿区払方町25-5
編集：☎03-6888-7878
販売：☎03-6888-7893
広告：☎03-6888-7831
https://jtbpublishing.co.jp/

●おでかけ情報満載
https://rurubu.jp/andmore/

禁無断転載・複製
©JTB Publishing 2009 Printed in Japan
194402　758130　ISBN978-4-533-07345-8